問題解決のための
オペレーションズ・リサーチ入門

Excelの活用と実務的例題

高井英造／真鍋龍太郎 [編著]
Takai Eizo　Manabe Ryutaro

日本評論社

はじめに

　本書は，オペレーションズ・リサーチあるいは経営科学とはどんなものかを広く知ってもらうために，受講者の専攻がどんな分野であるかを問わずに，大学や企業で使えるような教科書を作りたいという願望から生まれた．

　オペレーションズ・リサーチ（Operations Research, ＯＲと略す）は，ややもすると数理的方法が強調され過ぎてきたきらいがあるが，実際には問題を見つけたり解決していくための方法として発生し，産業でも，行政でも広く使われ成果を挙げてきた．そのあたりの雰囲気を読者の方々に伝えながら，ＯＲの考え方や方法に親しみ体験して理解していただくことをねらっている．

　本書では，オリエンタル・リフレシュメント（ＯＲ）社という飲料の製造販売をする架空の会社における経営上のさまざまな問題を，経営科学あるいはオペレーションズ・リサーチ（ＯＲ）の考え方で解決していきながら，数理的な扱いをふだんしてない人達も対象に，実際的な感覚でＯＲの方法を学習していただくことを意図している．このため，身近かで理解しやすいと思われる事例を使いながら，具体的な数値を使用し，マイクロソフト・エクセル[1]を使って演習できるように工夫してある．各章に載せてある問題は内容の理解を深めるためにぜひご自分で解答を考えていただきたい．

　具体的な例題を通じて考え方を理解し，その理解を深めるように自分で演習をすることを重視しているので，使われている方法の裏づけについての解説はほとんどしていない．また，待ち行列やスケジューリングといったいくつかの重要なＯＲの話題についても触れていない．それらの面から物足りなく感じられる方は巻末の参考文献を参照してさらに学習を進められたい．

　本書は，文系の学生はもちろんであるが，理工系の学生にも，また，企業におけるテキストとしても十分に使用できるものである．より高度なあるいは数理的なことを学ぶためにも，実務で活用するためにも，まず本書で学ぶことが効果的であろうと考えている．手にされた方の創意と工夫で有効に活用して頂ければ幸いである．

2000年1月

編著者

---

[1] エクセル Excel は Microsoft Corporation の登録商標です．

目　次

はじめに　iii

オリエンタル・リフレッシュメント社について　ix

第1章　1枚の伝票から——データの収集と整理　1

1.1　データベース　2
1.2　一枚の注文票に含まれているデータ　2
1.3　データからまず読みとるものは　6
1.4　データを関係づける　11

第2章　どのように売れているか——データの分析と予測　15

2.1　売上はどのように推移しているか　16
2.2　直線的傾向をどう表すか　18
2.3　直線を求めよう　20
2.4　直線的傾向と見てよいかを確かめるには　22
2.5　過去の傾向から予測すると　24
2.6　気温その他の多くの要因を考慮するとき　26
2.7　データ分析に取り組む姿勢　29

第3章　商品はどれだけ準備しておくか——在庫の考え方　31

3.1　製品倉庫などの在庫　32
3.2　在庫変動　33
3.3　在庫費と適正在庫量　35

3.4　発注方式と発注量　36

　3.5　販売量の偶然変動と安全在庫　39

　3.6　リードタイム　43

　3.7　在庫モデルとＯＲ　44

第4章　何をどれだけ作るのがいいか——生産の計画　45

　4.1　生産計画を考える　46

　4.2　生産計画問題をモデルで表す　47

　4.3　線形計画モデルの解を求める　51

　4.4　ワークシートの作成とソルバーによるモデル計算　53

　4.5　計算結果の解析をする　57

　4.6　結果から，別の改善案を考えて見る　58

　4.7　実際の企業における線形計画モデルの応用　61

第5章　製品はどこから運ぶか——輸送の計画　65

　5.1　輸送の流れと輸送問題　66

　5.2　実行可能な輸送計画の作成　70

　5.3　Excelソルバーの利用　71

　5.4　最適輸送計画の変更　75

　5.5　制約条件の変更と総輸送費用への影響　77

　5.6　輸送計画問題への応用　78

第6章　人の配置をどうするか——割り当ての計画　79

　6.1　営業所員の定期人事異動計画　80

　6.2　営業所員の適材配置計画　86

　6.3　アルバイト要員の配置計画　89

第7章　問題を考え直す——発想の方法　97

　7.1　生産計画はできた，計画はそれでおしまいでいいか？　98

　7.2　生産能力をなんとか増やせる算段はないか？　98

7.3　原料を使い切っている？　101
7.4　図もモデルである　101

第8章　望ましい案はどれか——AHPの利用　103

8.1　製品の出荷量を増やすには？　104
8.2　意思決定問題を階層モデルで表す　104
8.3　評価基準や代替案にウエイトを付ける　107
8.4　代替案の総合ウエイト　108
8.5　ウエイトの求め方　109
8.6　AHPがなぜ利用されるか？　111

第9章　新規事業はうまくいくか——採算性の検討　115

9.1　採算性の検討をするには何をすればよいか　116
9.2　長期借入金返済の考え方と計算方法　119
9.3　短期借入金の考え方と計算方法　124
9.4　減価償却の考え方と計算方法　125
9.5　投資採算性の指標　129
9.6　キャッシュフロー表の考え方と計算方法　132
9.7　損益計算書の考え方と計算方法　134
9.8　建設期間の考え方と計算方法　136
9.9　具体例 —— 新規事業の5年間の採算性の検討 ——　138
9.10　具体例の前提条件を用いた各種分析　145
9.11　この事業計画についての結論　149
9.12　採算性の検討についての更に高度な分析　150

第10章　オペレーションズ・リサーチを使おう——OR実施の手順と仕組み　151

10.1　ORの誕生と展開　151
10.2　OR実施の手順　152
10.3　ORを実施する仕組み　154

あとがき　157

参考文献　159

索　引　161

執筆者紹介　163

オリエンタル・リフレッシュメント社について

この本で取り上げているオリエンタル・リフレッシュメント社（ＯＲ社）は，下記の表に示してあるような各種の缶やペットボトルの飲料を生産している資本金８億円，従業員300人の会社である．地図に示すように，本社は千葉にあり，第１工場は神奈川県相模原市，第２工場は茨城県取手市，第３工場は千葉県千葉市にある．営業所は東京，神奈川，千葉，埼玉，茨城の５ヵ所であり，千葉営業所は本社と同じ場所にある．各工場には商品の出荷倉庫があり，各営業所も商品の倉庫を持っている．

ＯＲ社のロゴマーク

ＯＲ社という企業は実際には存在していない会社である．この本の目的は，企業のさまざまな部門が直面する経営上の計画や決定の問題について，定量的な方法を使って解決するための考え方を事例を通して理解してもらうことであるが，仮定的だが一つの企業を題材とすることによって企業や組織における問題解決をより具体的なイメージを持ちながら学ぶことができると思う．

表　オリエンタル・リフレッシュメント社の製品

茶々	350ml 缶
	2リットルペットボトル
コーヒーブラック	250ml 缶
コーヒーミルク	250ml 缶
オレンジジュース	200ml 缶
	2リットルペットボトル
野菜ミックス	200ml 缶
さわやかピーチ	350ml 缶

ＯＲ社のような企業を経営し，工場を操業していくためには，具体的な活動のためのさまざまな決定を行ったり，操業の基本となる計画をたてることが必要であることは容易に想像できよう．実際に企業を経営し工場を動かしていくための管理や運営の計画は，どのように実施するかを数値で指示されることで具体的な仕事が可能となり，その実行結果も数値で把握されることによって，はじめて企業の経営状況や収益の把握ができるようになる．

各部門が経営上で直面する計画作成や経営的な意思決定問題にはどのようなものがあるか考えてみよう．工場での生産量を決めるために販売部門は生産管理部門に対して需要量を示さなければならないが，それを過去の実績を元にして，単純な類推から決めてしまっていいだろうか？　作りすぎたり，不足したりしないためには，どんなことを考えなければいけないのだろうか？　もっと的確な在庫の管理ができれば，過不足の無駄を無くして利益を増やすことが可能ではないだろうか？　原料の入手や生産能力に制約がある場合，生産管理部門は何をどれだけ作るように計画を立てれば最も利益を上げられるだろうか？製品の配送を受け持つ物流部門では商品を各営業所の倉庫に運ぶのに，どこから，どれだけ運ぶのがもっとも運送費を少なく出来るだろうか？　企画部門で検討している新しい製品のための生産設備の投資は，果たして利益をもたらすのだろうか？　販売部門が考えている営業担当者の人事ローテーションに対して人事部門としてはどのような計画を立てておくべきだろうか？

　企業の経営者や各部門担当者が経営や管理を行うということは，このような問題に対して絶え間無く解答を探し出し，経営的な判断を下して決定していくことに他ならない．そのような，経営的な問題解決を助ける有力な手段がこの本で学ぶオペレーションズ・リサーチ（ＯＲ）と呼ばれる一連の考え方である．

　これから一緒に，オリエンタル・リフレッシュメント社の経営問題の解決をオペレーションズ・リサーチを使って助ける仕事を始めることにしよう．

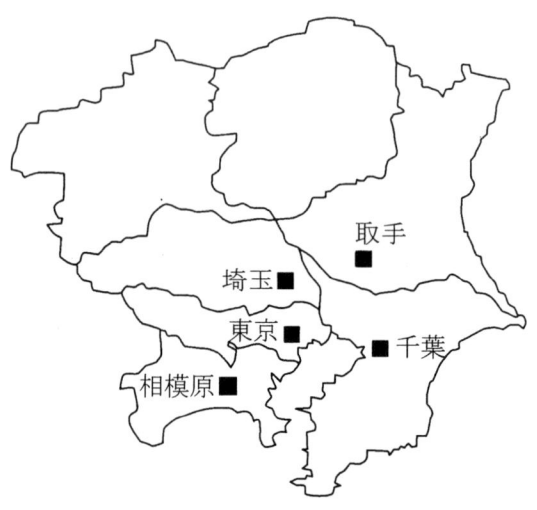

ＯＲ社の工場と営業所

第１章　１枚の伝票から

―データの収集と整理―

オリエンタル・リフレッシュメント（ＯＲ）社のいろいろな問題を考えるに当ってまず販売のデータをながめることから始めよう．販売に関するデータは販売店からＯＲ社への注文票から始まる．そこで本章では，まず，具体的に注文票からどのように情報を集めるかを考え，そのデータについて表計算ソフトを利用した簡単なデータベースを作り，データをどのようにグラフで表現するのがわかりやすいか，必要なデータをどのように集計したり，探せるかなどを学ぶ．さらに，このように集めたデータを関連づけて，いろいろな角度から使うことのできるデータベースを作ることを考えていく．

1.1　データベースについて

↓

1.2　一枚の注文票に含まれるデータ
　1.2.1　データを集めることから始めよう
　1.2.2　表計算ソフトを使って集めたデータを整理する

↓

1.3　データからまず読み取るものは
　1.3.1　平均を求めてみよう
　1.3.2　データをグラフに表わす
　1.3.3　データを並べ替えてデータを読む
　1.3.4　目的のデータを探す

↓

1.4　データを関係づける
　1.4.1　表計算ソフトでのデータの関係づけ
　1.4.2　リレーショナルデータベース
　1.4.3　コードの付け方

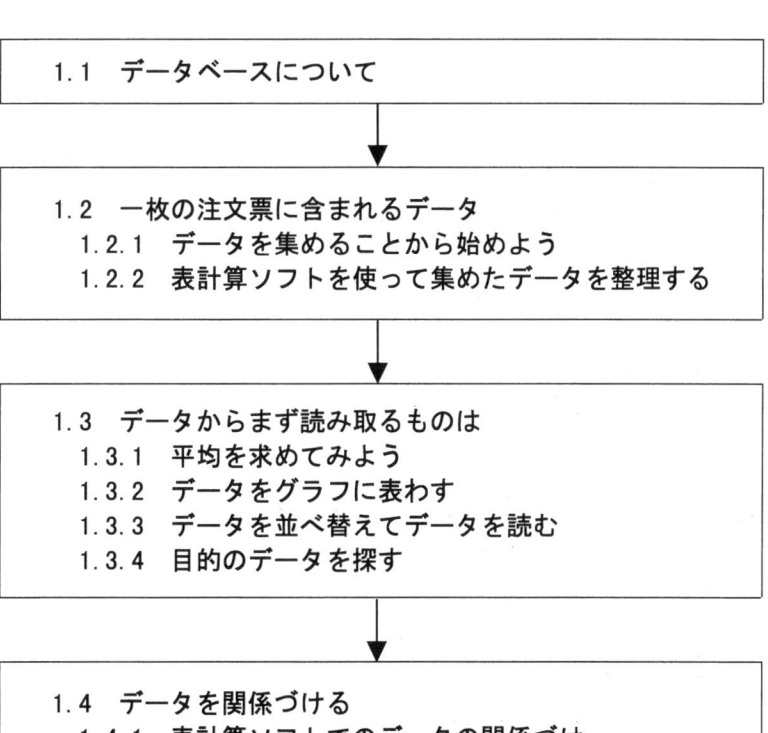

1.1 データベース

　図書館に行くと，図書カードがある．図書カードには，分類コード，書名，著者名，発行年，どこの書棚にあるかなどの情報が書かれている．現在は，そのカードをもとに，コンピュータにデータが保存され，自分のほしい本の題名をコンピュータに入力するだけで，また，著者しか分からないときでも，著者名を入力するだけで，その本がどこの書棚にあるかを探すことができるようになっている．これは，図書館の蔵書のデータベースを利用した例である．最近は，美術品のデータを集めたデータベースには，年代や，作者ばかりでなく，作品そのものの写真なども一緒にデータとして保存されている．ある作者の作品を検索し，その作品を画面で簡単に見ることができる．また，インターネットを利用して自分が探したい内容のキーワードを使ってデータ検索し，情報を集めることができる．

　種々の業務に共通に使用できるように，ある規則を持って，統合化された情報（データ）の集まりを**データベース**という．データベースはデータベース専用のソフトで扱ったり，あまり多くないデータの場合は，表計算ソフトでも同様のことが行える．

問1.1 ある目的のために集められて，利用しているデータが身近かにある．具体的にどのようなデータがあるかをあげ，どのような目的で集められたか考えよ．

1.2　一枚の注文票に含まれているデータ

　ＯＲ社では，コンピュータを単純な数値計算や給与計算，人事データの管理など通常の業務処理に利用するだけでなく，今後，販売戦略，企業の拡大などの意思決定などに利用しようと考えている．そのために必要な情報を集め，それぞれの情報を統合化し，種々の業務に共通に使用できるようにする必要がある．各営業所，工場で集められたデータはオンラインで本社にあるコンピュータに集められる．

　ＯＲ社で扱っている製品は図1.1に示すものである．全製品を全工場で生産し，工場に隣接して倉庫が建っている．

```
茶々              350ml 缶
                 2リットルペットボトル
コーヒーブラック   250ml 缶
コーヒーミルク     250ml 缶
オレンジジュース   200ml 缶
                 2リットルペットボトル
野菜ミックス       200ml 缶
さわやかピーチ     350ml 缶
```

図1.1　ＯＲ社の製品

1.2.1 データを集めることから始めよう

一方データを自分で集める場合，データはただむやみに集めても，たまるばかりである．まず，集める対象を決め，どのようなデータをどのように集めればいいか考えなければならない．蔵書データベースや，美術品のデータベースからもわかるように，データベースを構成する要素に著者名，著書などそのデータベースの中で扱われるデータをひとまとめにして**項目**に分け，項目名がつけられている．

問1.2 問1.1であげたデータの項目名をあげよ．

OR社では，それぞれの販売店から営業所に図1.2のような注文票が届く．営業所はこの注文票をもとに工場に製品を発注する．

この注文票からどんなデータが集められるか．データ項目をあげて考えてみよう．この伝票の中には，大きく分けて，販売店に関するデータと製品に関するデータが含まれている．販売店に関して，販売店名，住所，電話番号，ファックス番号などが分かり，製品に関してはいつ，どのような製品の注文がどのくらいあるかがわかる．

問1.3 この注文票は，使いにくいと販売店からいわれる．どのようなところを改善したらいいか考えよ．

```
                    注 文 票
  オリエンタルリフレシュメント株式会社
  千葉市東3－5
  TEL 044-256-1111   FAX 044-256-2222

  発注日  1998.10.3        注文番号    3333

  品　名               型番       数量    金額
  コーヒーブラック 250ml    N0012C      3
  コーヒーミルク 250ml      N0022C      2
  オレンジジュース 200ml    N0032C      6
  オレンジジュース 2lペットボトル N0032P  2
  野菜ミックス 200ml        N0043C      4
  さわやかピーチ 350ml      N0053C      3

                                小計
                                税金
                                合計

                    販売店   スーパー宇宙屋
                    住所 〒305-0011 つくば市桜 2-2-22
                    Tel. 0298-33-2222   Fax. 0298-33-1111
```

図1.2　販売店から営業所への注文票

表1.1　売り上げ台帳

販売日	コード	販売店	コード	商品名		販売量	担当
1.03	M003	伊藤商店	N0012C	コーヒーブラック	250ml	10	199301
1.03	M003	伊藤商店	N0022C	コーヒーミルク	250ml	5	199301
1.03	M003	伊藤商店	N0062P	茶々	2㍑ペットボトル	10	199301
1.03	M003	伊藤商店	N0032C	オレンジジュース	200ml	1	199301
1.05	M014	ツチウラ商店	N0062P	茶々	2㍑ペットボトル	3	199502
1.05	M014	ツチウラ商店	N0043C	野菜ミックス	200ml	2	199502
1.05	M014	ツチウラ商店	N0032P	オレンジジュース	2㍑ペットボトル	5	199502
1.05	M014	ツチウラ商店	N0032C	オレンジジュース	200ml	1	199502
1.05	M014	ツチウラ商店	N0053C	さわやかピーチ	350ml	2	199502
1.05	M007	スーパー宇宙や	N0012C	コーヒーブラック	250ml	20	199401
1.05	M007	スーパー宇宙や	N0022C	コーヒーミルク	250ml	10	199401
1.05	M007	スーパー宇宙や	N0032P	オレンジジュース	2㍑ペットボトル	5	199401
1.05	M007	スーパー宇宙や	N0032C	オレンジジュース	200ml	5	199401
1.05	M007	スーパー宇宙や	N0043C	野菜ミックス	200ml	10	199401
1.05	M007	スーパー宇宙や	N0053C	さわやかピーチ	350ml	5	199401
1.05	M007	スーパー宇宙や	N0062P	茶々	2㍑ペットボトル	20	199401
〜〜	〜〜	〜〜〜〜〜〜	〜〜〜〜	〜〜〜〜〜〜〜〜	〜〜〜〜〜〜〜〜	〜〜	〜〜〜〜
1.20	M003	伊藤商店	N0012C	コーヒーブラック	250ml	3	199301
1.20	M003	伊藤商店	N0022C	コーヒーミルク	250ml	5	199301
1.20	M003	伊藤商店	N0062P	茶々	2㍑ペットボトル	10	199301
1.20	M003	伊藤商店	N0032C	オレンジジュース	200ml	3	199301
1.05	M014	ツチウラ商店	N0062P	茶々	2㍑ペットボトル	3	199502
1.05	M014	ツチウラ商店	N0043C	野菜ミックス	200ml	2	199502
1.05	M014	ツチウラ商店	N0032P	オレンジジュース	2㍑ペットボトル	5	199502
1.05	M014	ツチウラ商店	N0032C	オレンジジュース	200ml	1	199502
1.05	M014	ツチウラ商店	N0053C	さわやかピーチ	350ml	2	199502
1.05	M007	スーパー宇宙や	N0012C	コーヒーブラック	250ml	18	199401
1.05	M007	スーパー宇宙や	N0022C	コーヒーミルク	250ml	15	199401
1.05	M007	スーパー宇宙や	N0032P	オレンジジュース	2㍑ペットボトル	5	199401
1.05	M007	スーパー宇宙や	N0032C	オレンジジュース	200ml	5	199401
1.05	M007	スーパー宇宙や	N0043C	野菜ミックス	200ml	10	199401
1.05	M007	スーパー宇宙や	N0053C	さわやかピーチ	350ml	3	199401
1.05	M007	スーパー宇宙や	N0062P	茶々	2㍑ペットボトル	20	199401
〜〜	〜〜	〜〜〜〜〜〜	〜〜〜〜	〜〜〜〜〜〜〜〜	〜〜〜〜〜〜〜〜	〜〜	〜〜〜〜
4.05	M003	伊藤商店	N0012C	コーヒーブラック	250ml	8	199301
4.05	M003	伊藤商店	N0022C	コーヒーミルク	250ml	5	199301
4.05	M003	伊藤商店	N0032C	オレンジジュース	200ml	15	199301
4.05	M003	伊藤商店	N0062P	茶々	2㍑ペットボトル	10	199301
4.05	M003	伊藤商店	N0053C	さわやかピーチ	350ml	3	199301
4.06	M014	ツチウラ商店	N0012C	コーヒーブラック	250ml	8	199502
4.06	M014	ツチウラ商店	N0022C	コーヒーミルク	250ml	5	199502
4.06	M014	ツチウラ商店	N0032P	オレンジジュース	2㍑ペットボトル	5	199502
4.06	M014	ツチウラ商店	N0032C	オレンジジュース	200ml	5	199502
4.06	M014	ツチウラ商店	N0053C	さわやかピーチ	350ml	2	199502
4.06	M007	スーパー宇宙や	N0022C	コーヒーミルク	250ml	10	199401
4.06	M007	スーパー宇宙や	N0032P	オレンジジュース	2㍑ペットボトル	15	199401
4.06	M007	スーパー宇宙や	N0032C	オレンジジュース	200ml	5	199401
4.06	M007	スーパー宇宙や	N0043C	野菜ミックス	200ml	15	199401
4.06	M007	スーパー宇宙や	N0053C	さわやかピーチ	350ml	5	199401
4.06	M007	スーパー宇宙や	N0062P	茶々	2㍑ペットボトル	20	199401

問1.4 表1.1の売り上げ台帳の切れているところを適当にうめて，3つの店の販売データから，月別の製品別の売り上げ量を計算して，表にせよ．

問1.5 清涼飲料水の売り上げに影響があると思う要因をあげよ．それらの要因の中で集められるデータを集めよ．

1.2.2 表計算ソフトを使って集めたデータを整理する

表計算ソフトは，**スプレッドシート**とも呼ばれる．文字どおり，表の形でデータを表し，データを管理したり，集計を行うためのソフトウェアである．本書では表計算ソフトを道具として使っていく．表計算ソフトは VisiCalc に始まり，Lotus1-2-3, Improv, Excel と開発されてきた．どのソフトを利用しても行えるものであるが，本書では Microsoft 社の Excel を使って説明している．

一般に表計算ソフトは，1枚の表形式をした**ワークシート**からなり，行と列でデータの位置を示す．参照形式に R1C1方式と A1方式があり，図1.3の(1)は R1C1方式で行の何番目で列の何番目という．列と行で表わすますをセルと呼んでいる．

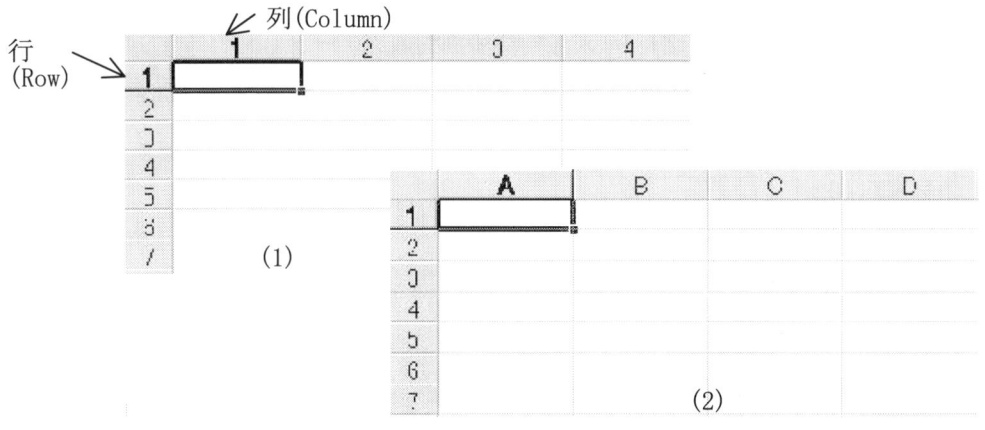

図1.3 表形式

※R1C1方式と A1方式を切りかえるには，
メニュー［ツール(T)］，［オプション(O)］，［全般］のなかの［□R1C1参照形式を使用する．］の□をクリックし，レ点を付けると R1C1形式に，付けないと A1形式になる．

たとえば，図1.4は茨城営業所のオレンジジュースの月別の販売量を1年間を4期に分けて期別に合計し集計したものである．たとえば B3のセルに入っているデータは1990年の第1期の販売量が93,000ケースであることを示している．また，1995年の第4期の販売

量はE8のセルにデータがはいっていて，135,000ケースであることが分かる．

問1.6 図1.4の表のD7とB3のそれぞれのセルにはどんなデータが入っているかを答えよ．

	A	B	C	D	E	F	G
1		期別販売量		（千ケース）	〈茨城営業所〉		
2	オレンジジュース	第1期	第2期	第3期	第4期	合計	平均
3	1990	93	180	110	95	478	120
4	1991	95	190	112	90	487	122
5	1992	110	130	130	120	490	123
6	1993	100	220	125	115	560	140
7	1994	110	200	130	120	560	140
8	1995	125	130	180	135	570	143
9	1996	130	200	190	150	670	168
10	合計	763	1250	977	825	3815	954
11	平均	109	179	140	118	545	136

図1.4 茨城営業所期別販売データ

問1.7 図1.4の表の1992年の第3期のデータは表のどこに入っているか．R1C1形式で答えよ．

1.3 データからまず読み取るものは
1.3.1 平均を求めてみよう

　データは，生のデータをそのまま使う場合もあるが，販売傾向を調べたり，平均を調べることが必要になってくることも多い．表計算ソフトを利用すると簡単に合計や平均を出すことができる．たとえば，1990年の合計を求めるためには，合計を入れるセル(F3)をクリックし，データの入っているセル（B3からE3まで）をドラッグし，メニューバーのΣ記号をクリックする（図1.5）．Σは和を表している（注1）．表計算ソフトでは，簡単な計算は関数として登録してある．メニュー［挿入(I)］，［関数］またはメニューバーのfxをクリックするといろいろな関数が表示される．最初に＝（半角のイコール）をつけて使う．例えば，データの合計の計算のために関数sum，平均にはaverageという関数が用意されている．4期分の合計は＝sum(B3:E3)，平均は＝average(B3:E3)と表す．この例では4期の平均なので関数を使わずに式を入力してもよい．たとえば図1.4の1990年の平均の

注1　Σは英語のSum(和)のSに対するギリシャ文字でシグマと読む．

場合セル G2 に，＝と入力し，合計をしたいデータが入っているセルを1つクリックし，＋を入力する．合計したいデータすべてに対して繰り返し，最後に／データの数（／は÷を意味する．この場合，データの数は4）と入力する．その結果，セルには＝(B3+C3+D3+E3)/4 となり，平均が計算される．

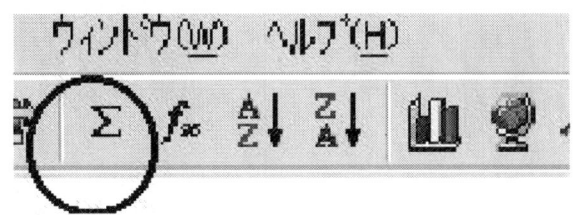

図1.5　メニューバーの中の和の記号

問1.8　問1.4のデータにさらに12月までのデータを追加し，表計算ソフトを使って4期の売り上げ数量の合計，平均を求めよ．第1期は4,5,6月，2期は7,8,9月，3期は10,11,12月，4期は1,2,3月とする．

1.3.2　データをグラフに表す

データは，集めただけでは，単に数字が並んでいるだけになってしまう．そこから，何かを判断して，経営に役立てなければならない．単に数字をじっと眺めていても，その傾向をつかむことはむずかしい．そこで，データをグラフで表すことが考えられる．例えば上のデータを図1.6のようにいろいろなグラフに表すことができる．

問1.9　図1.6のそれぞれのグラフからどのようなことがいえそうか考えよ．

すべてのグラフは図1.4の同じデータから，表計算ソフトのグラフ機能を使って書いたものである．(3)は期別に販売量を折れ線グラフで，(2)は3次元の棒グラフで表したものである．(2), (3)のグラフからは第2期だけが年毎の変動が大きいことが一目瞭然である．(1)のグラフからは年々少しずつ販売量があがっている様子がわかる．(3), (4)のグラフでは，その年によってどの季節が良く売れているかを見ることができ，この場合オレンジジュースはどの年も第2期が最もよく売れることがわかる．しかし，1992年と1995年の売れ行きが下がっている．その原因を知るために，他の情報を使って分析する必要が出てくる．

問1.10　どんな原因が考えられるか．それを調べるのにどんなデータが必要か．

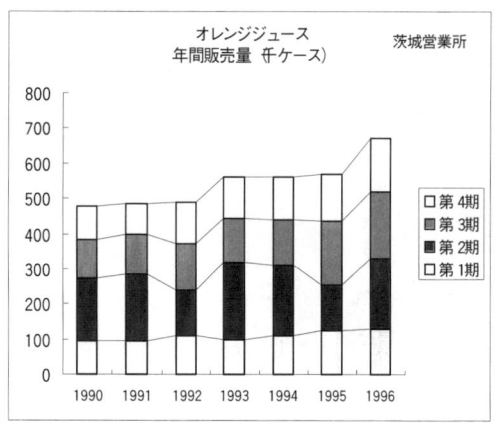
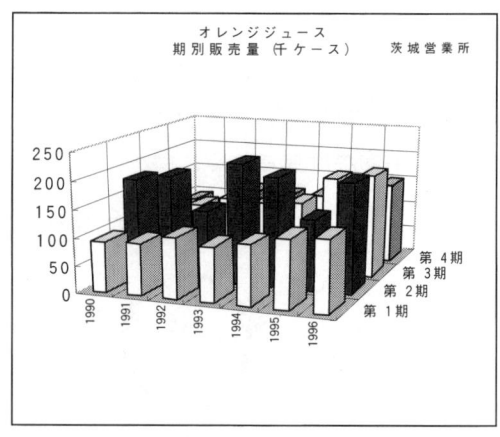

図1.6 　いろいろなグラフ表現

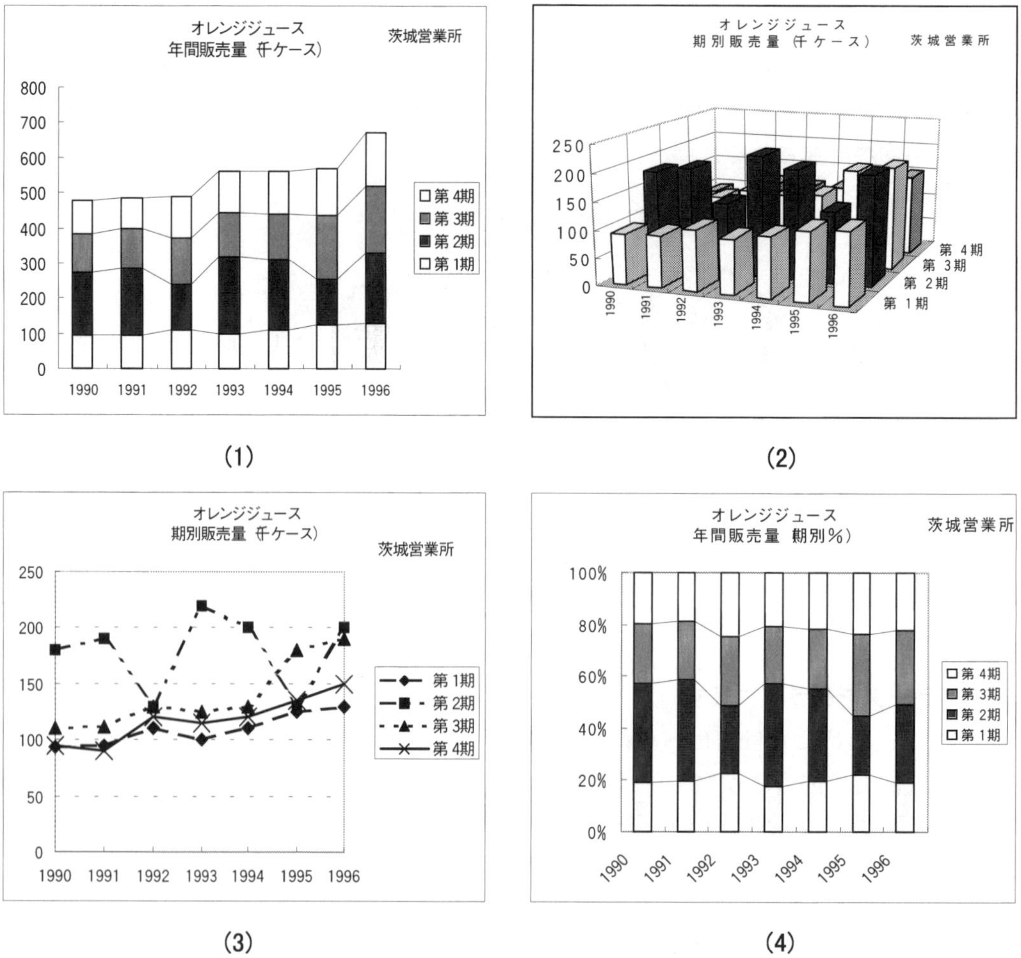

1.3.3 データを並べ替えてデータを読む

　図1.7はある営業所のいろいろな年の製品別販売量の表である．どんな製品が一番よく売れているかを調べるにはどうしたらいいか．販売量を多い順，または少ない順に並べて調べることとする．(1)は1996年度のもとのデータで，(2)は販売量の大きい方から並べたもの（降順）である．表計算ソフトの並べ替え機能［データ(D)］，［並べ替え(S)］を使うとデータを降順でも昇順でも簡単に並べ替えることができる．(3), (4)は1993年度，1994年度を降順に並べたものである．一番左の列には最初のデータの順序が入っている．

第1章　1枚の伝票から

1996年度の販売量		
1	オレンジジュース	547
2	コーヒーミルク	360
3	コーヒーブラック	400
4	茶々	600
5	野菜ミックス	300
6	さわやかピーチ	450

(1)

1996年度の販売量		
4	茶々	600
1	オレンジジュース	547
6	さわやかピーチ	450
3	コーヒーブラック	400
2	コーヒーミルク	360
5	野菜ミックス	300

(2)

1993年度の販売量		
1	オレンジジュース	520
2	コーヒーミルク	310
4	茶々	300
6	さわやかピーチ	280
3	コーヒーブラック	250
5	野菜ミックス	250

(3)

1994年度の販売量		
1	オレンジジュース	520
4	茶々	400
5	野菜ミックス	300
6	さわやかピーチ	280
2	コーヒーミルク	250
3	コーヒーブラック	250

(4)

図1.7　データの並べ替え

1.3.4　目的のデータを探す

　売り上げ台帳の中から，ある特定の販売店の情報だけを取り出したり，ある月の集計をしたり，あるいはある担当者が扱っている販売店の情報がほしい場合など，データ検索機能を使いデータを抽出する．Excelでは［データ(D)］，［フィルタ(F)］を使う．

　自動的に検索できる［オートフィルタ］と検索条件を設定できる［フィルタオプション］がある．図1.8は，オートフィルタを使って特定の販売店（スーパー宇宙や）のデータを抽出する場合を示している．項目名をドラッグし，［オートフィルタ］を選択すると▼が各項目名のところに表示される．検索したい項目の▼をクリックするとその項目内に出てくるデータが表示されるので，抽出したいものをクリックする．図1.8のように選ばれたデータだけが表示される．

　また，検索条件を設定してデータを検索するときはフィルタオプションを使う．フィルタオプションの設定では，図1.9のようにデータの範囲や検索条件を入力する領域を作り，そのセルの位置を指定しなければならない．検索条件領域は検索項目名と検索条件を入力するセルからなっている．検索条件に使う項目名はもとのデータの項目名を複写する．

<<オートフィルタとフィルタオプション>>

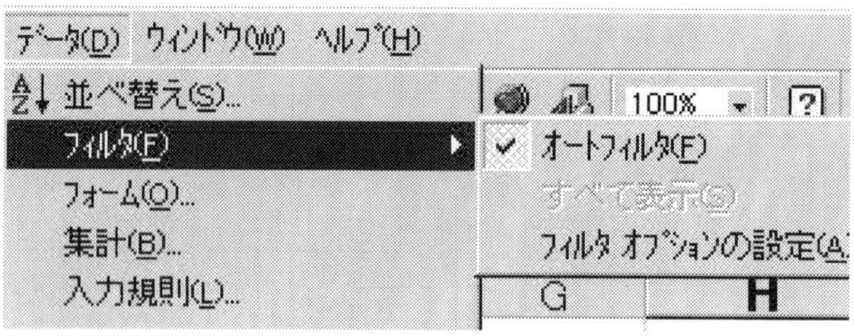

<<オートフィルタで，販売店から検索をする場合>>

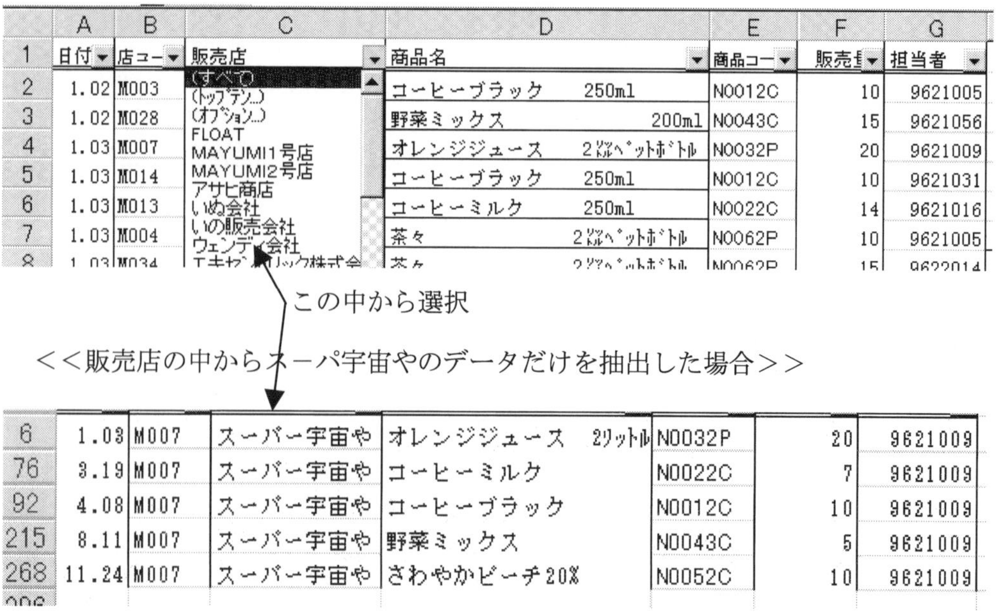

この中から選択

<<販売店の中からスーパ宇宙やのデータだけを抽出した場合>>

図1.8　オートフィルタによる検索

　図1.9は，フィルタオプションによる検索で，データベースの範囲と検索条件を入力する場所を指定する．条件は検索項目名と条件を入れるセルを作る．(1)はある販売店だけのデータを検索する．(2)はある商品の販売量がある範囲にあるデータを検索する．(1)と(2)を横に並べて作り，同時に検索条件とすることもできる．

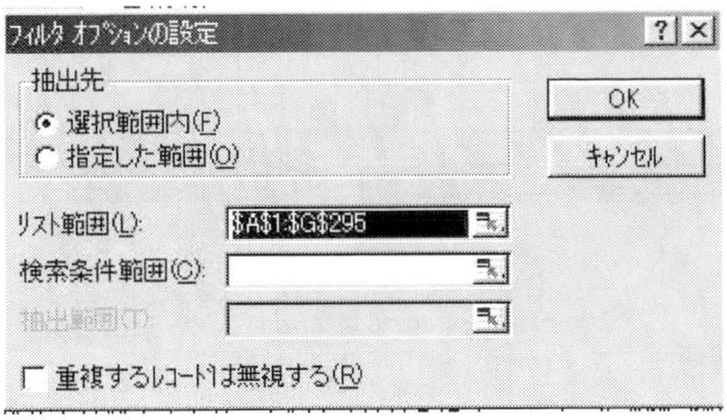

《(1)検索条件範囲の内容》

検索項目名→	販売店
検索条件→	スーパー宇宙や

《(2)検索条件範囲の内容》

検索項目名→	販売量	販売量 商品名		
検索条件→	>=15	<20	オレンジジュース	200ml

図1.9 フィルタオプションによる検索条件の設定

1.4 データを関係づける

1.4.1 表計算ソフトでのデータの関係づけ

　表計算ソフトでは，売り上げ台帳，住所録等を1枚ずつのシートでデータベースとして管理する．このとき，同じ項目やデータに関して別のシートにあるものを関係づけて使うことができる．たとえば図1.10のように店情報が入力されているシート（この場合シート名が店情報）の位置を台帳の店名や店番号に同じデータが入るようにする．この場合，売上台帳シートのスーパー宇宙やのセルは，店情報が入っているワークシートのスーパー宇宙やが入っているセルの番号をいれると，店名が変更になったときは，店情報シートの店名を直すと売上台帳シートの店名も自動的に変更される．ここで＝店情報！はシート名，C9がスーパ宇宙やの名前がはいっているセル番号である．

1.4.2 リレーショナルデータベース

　データベース処理専用のソフトもある．最近のデータベース専用のデータベース処理ソフトは，**リレーショナルデータベース**とも呼ばれ，データベースの間の項目を簡単に関係づけることができる．たとえば，販売店コードを関係づけておき，その同じコードを持つすべての販売店に関するデータを同時に修正したり，削除したりできる．表計算ソフトではできない複雑なデータの関連づけもできる．

《売上台帳シート》

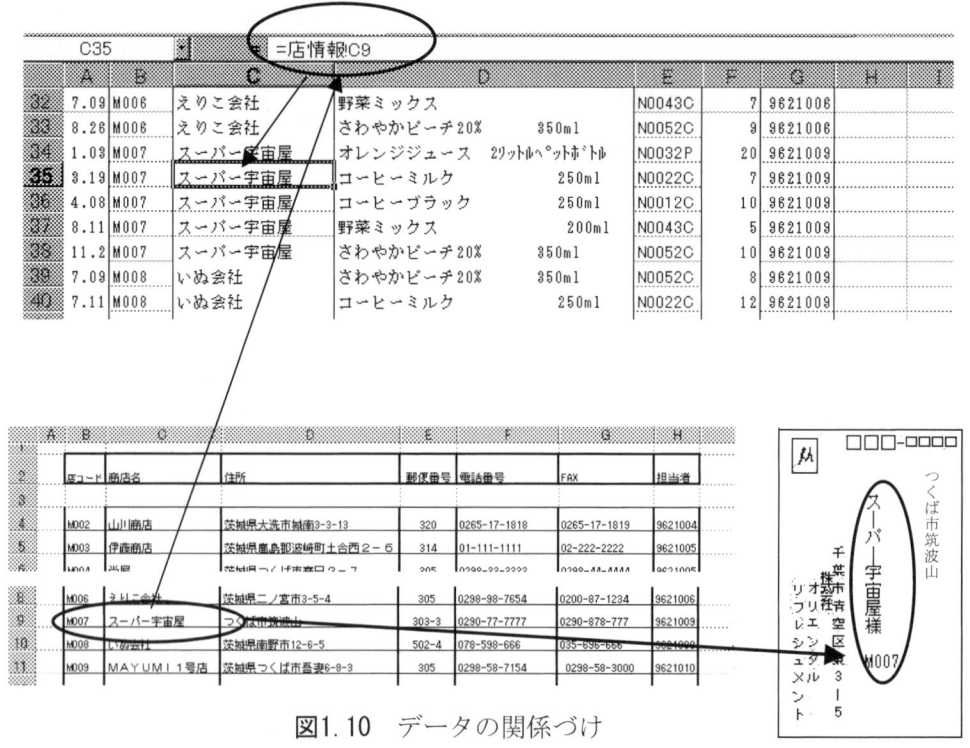

図1.10 データの関係づけ

1.4.3 コードの付け方

　コンピュータでデータを扱うときコードをみて，検索や集計や変更などの処理を行うことが多い．データベースとして関係づけるときにはそれぞれの項目につけられたコードを使う．コードはコードを見ただけで，何を表しているか判断できるように，また，コンピュータで集計したり，検索するためにも何らかの規則を決めてつける方が便利である．付け方にはいろいろな方法がある．

　例えば，JISコードで決められた都道府県コードは北海道は01，青森県は02…と順に沖縄県が47と決められている，このように順番に番号をつけたものを**連番コード**という．

　図書館の図書の分類コードのように小数点を使って，整数部分をグループコードとし，小数部分をそのグループ内の細かい分類に使う場合もある．これは，10進数をコードに使っているので**10進コード**という．

　また，桁ごとに意味を持たせて作る**桁別コード**がある．例えば，ＯＲ社では，最初の1文字はNは製品，Mは販売店，Eは営業所，Kは工場，Sは倉庫と決めている．オレン

ジジュースの200ml缶はN0032C，2リットルペットボトルはN0032Pと表し，真中の3桁で製品の種類に対応して番号をつけてある．担当者コードも入社年を最初につけて表している．この方法は，コードを見ただけで分類したり，判断がしやすいのでよく使われる．

問1.11 現在OR社では上に示したように，コードは工場の1文字目にK，営業所の1文字目にEをつけ，その後に連番をつけた．このようなコードの付け方でよいと思うか，よくないと思うか，それはなぜそう思うかを考えよ．

問1.12 問1.11で考えたことを考慮して，自分ならどのようにつけるか考えよ．また，コードをつけるときどのようなことを考慮する必要があるかを考えよ．

問1.13 コードの付け方やコンピュータで扱うためにデータの収集を考慮して，問1.3で作った注文票を改訂せよ．

問1.14 身近に使われている使いやすいコードと使いにくいコードの例をあげ，それぞれのコードについて話し合いをせよ．

問1.15 本章でデータを集めるためにいろいろな帳票を使った．これらの帳票類をコンピュータ上で使うために，電子的な帳票に移行するとしたら，スムーズに移行できるか．スムーズに移行するためにどのようにしたらよいか話し合いをせよ．

本章では，伝票から集めたデータから，販売計画や事業の拡大などさまざまなところでデータを利用するために元になるデータベースを作ることを学んだ．さらにデータの特徴や傾向を知るために，表計算ソフトを利用した簡単な基本統計の練習をし，また，データの傾向を見るために，グラフで表し，それぞれのグラフの特徴からデータを解釈することを学んだ．次章では，さらに詳しくデータの傾向を調べるための学習をする．

第2章 どのように売れているか
―データの分析と予測―

　前章では，OR社の製品の注文書から売上台帳を作成しその利用を話題としていた．この章では，売上データから製品がどのように売れているかを分析して，OR社の売上は何で決まるかを考えるための情報を見い出すことを扱う．たとえば，売行きの傾向，ローカルなイベントが売上に与える影響，気温とか曜日が売上に与える影響などを調べ，その過程でデータ分析の考え方とその手順を学ぶ．また，需要に応じた生産をしていくために重要な将来の売上の**予測**についても考える．

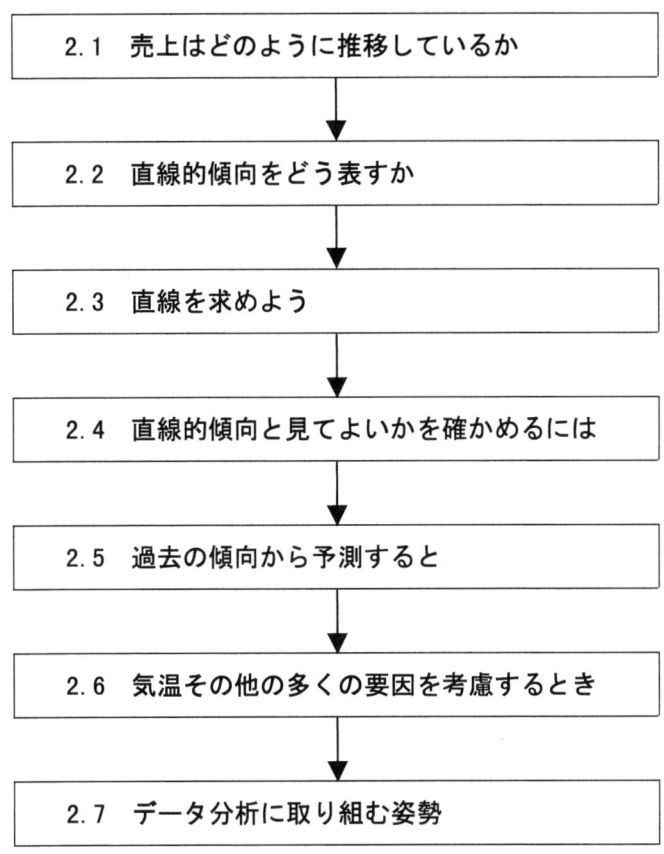

2.1 売上はどのように推移しているか

ＯＲ社の1991年度から1997年度まで7年間の売上高の推移を表2.1に示す．ここでは，売上高は実数でなく1991年度を100とした指数で表している．

まず，このデータをグラフに描き毎年の推移はどのような傾向を示しているかを調べよう．

表2.1　売上高の推移　　1991年度を100として表示

年　度	1991	1992	1993	1994	1995	1996	1997
売上高	100.0	103.8	113.0	116.1	121.7	124.9	132.5

問2.1　表2.1に示す売上高の推移を示すグラフを描け．そのグラフから売上高はどんな傾向を示していると思うか．

表2.1の売上高のグラフを描くと明らかなように，売上高の**傾向**は直線的に毎年増加している．いいかえれば，売上高は毎年一定の増加をベースに，それに加えてその年その年により若干の幅の中で不規則に増減していると見ることができよう．

このように時間に沿って計測された一連のデータを一般に**時系列データ**という．表2.1のデータはその例である．

時系列データの示す傾向には，いろいろなパターンがあり千差万別である．その代表的なパターンを図2.1に例示する．以下，それぞれのパターンの特徴をコメントしよう．

(a) 年とともに増加する傾向があり，さらに，その増加傾向は毎年同じ程度である．問2.1で描いた図はこのパターンを示していた．

(b) 上記(a)と同様に年とともに増加する傾向があるが，その増加傾向は年の経過にともない次第に大きくなっている．

(c) 年とともに増加しているが，その増加傾向は年の経過にともない次第に少なくなり，ついに増加傾向は止まって頭打ちとなる．

(d) 初期にはゆっくりと増加し，その増加傾向は次第に大きくなるが，そのうち増加傾向が一定の期間続き，やがて増加傾向は小さくなり始め，ついに増加傾向は止まって飽和状態となる．このパターンは成長曲線といわれる．

(e) 前半は(d)と同じパターンで飽和状態が若干続くが，後半は逆に衰退に向かうという一時的な流行を示すパターンである．

(f) 毎年変動しているが，上昇したり下降したりの波に周期性がある．

(g) 年により上昇したり下降したりしているが，特に特徴ある傾向が見つけられない．不規則に変動している．

(h) 全体としてデータの傾向は(a)と同じであるが，この傾向から外れた特定の年があり，その年には他の年とは異なる明らかな理由がある．
(i) 上記の(a)(f)がともに表れている．

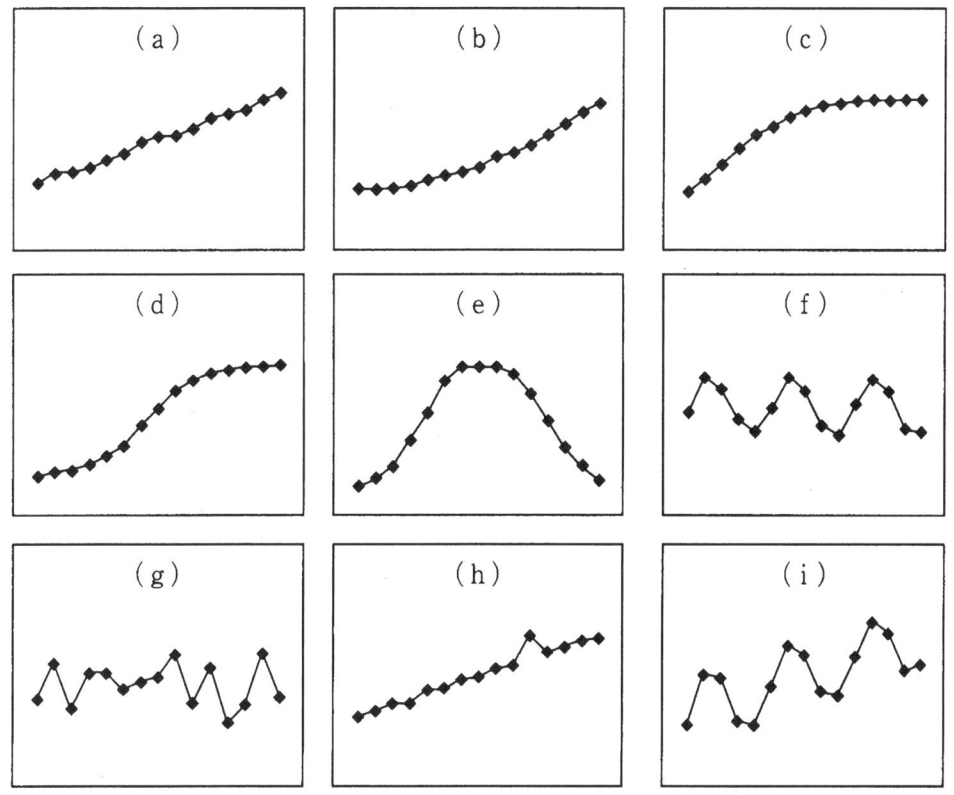

図2.1　時系列パターン例示

問2.2　図2.1に時系列データのパターンを示したが，そのパターンに合ういくつかの事例を見つけてみよ．それには，手近かにある統計表からたとえば20～30期程度のデータを用いてグラフを描くとよい．

2.2 直線的傾向をどう表すか
2.2.1 傾向線を引く

さて，表2.1のグラフ表示により，OR社の製品の売上高は，過去から現在まで毎年順調に伸びている傾向にあることが明らかとなった．そこで，この傾向を的確に表現することを考えよう．売上高について毎年一定の増加傾向にあるかどうかを見るための最も簡単な方法は，グラフ上で直線を引いてみることである．また，直線を引くことにより，年ごとの増加量がどの程度であるかを知ることもできる．

問2.3 問2.1で描いたグラフ上で7つの点を代表する傾向線と思われる直線を引いてみよ．

7つの点すべてを通る直線を引くことは到底できない．2点（たとえば1991年と1997年）を通る直線を引くという方法もあるが，その直線は他の5つの点も代表しているとは考えにくい．また，7つの点のうち1点を通る直線で他の点は直線より上に3つ，直線より下に3つあるように引く考え方もあろう．あるいはどの点も直線上にないが，どの点にも近いところを通る直線を引きたいという考え方もあろう．いろいろな直線の引き方が考えられる．

問2.4 問2.3で引いた直線とは別にもう1つ直線を引いてみよ．そして，その2本の直線の中からどちらか1つの直線を選ぶとするとどんな考え方で選ぶか．選定の基準となる指標をいろいろと考えてみよ．

選定基準としてどんな指標を考えたか．おそらく直線から7つの点がどのくらい離れているかを調べ，それらの7つをさらに1つにまとめて，離れ具合を示す指標とするであろう．そして，その指標が小さいものを選ぶであろう．しかし，この指標を具体的にどうするかは迷う．たとえば，7点の離れ具合を合計して指標とするとか，7点の離れ具合の最大値を指標とするなどいろいろ考えられる．

広く使用されている指標として残差平方和がある．ここで，1つの点の残差とはその点の値からその年度の直線上の値を引いた値を示し，この残差を2乗してすべての点について合計したものを**残差平方和**または**残差変動**という．図2.2は残差平方和の概念をグラフ上で示したもので，点の数だけ正方形が描かれている．正方形の辺の長さはその点の残差であって正方形の面積が残差の2乗にあたり，これら正方形の面積の合計が残差平方和に相当する．

図2.2をよく眺めることにより，残差の大きい点ほど残差平方和に大きく影響することがわかる．残差平方和に注目し，それを最小にしようとする方式を**最小2乗法**といい，広

くいろいろな分野で用いられている．

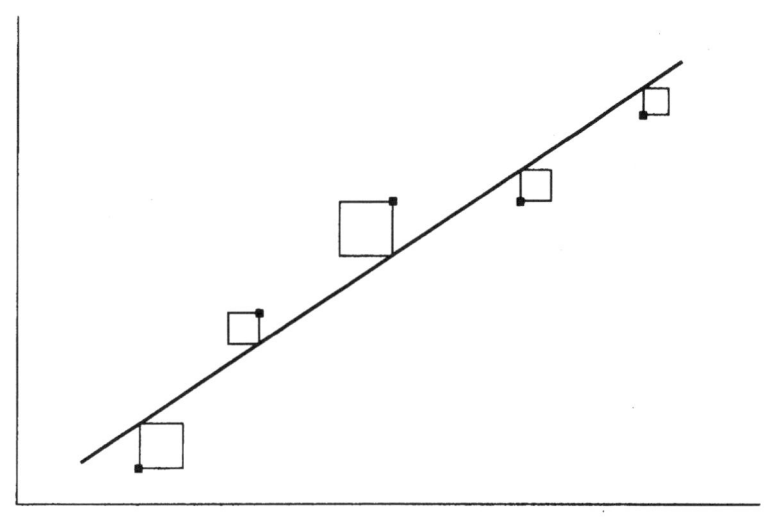

図2.2　残差平方和の概念図

2.2.2　直線を数式で表す

さて，グラフ上で直線を引く話を進めてきたが，さらに，話を進めるためには，直線を的確に表現することが必要である．それには直線を数式で表すとよい．そこで，まず，グラフ上で直線の描き方にそって，2つの方法を取り上げて話を進めよう．

1つの方法は7つの年度の中心に当たる1994年度に売上高が115.0の点を通り，毎年の伸びが5.0である直線を引くもので，その直線を表す式は次のように(2.1)式となる．

　　　　　売上高＝115.0＋5.0(年度－1994)　　　　　　　　　　　　　　　(2.1)

もう1つの方法はグラフ上で2つの点を結んで直線を引くもので，1991年に売上高100.0の点と1997年に売上高130.0の点を結ぶときは，まず，1991年から1997年の伸び(130.0－100.0)をその間の年数(1997－1991)で割って1年あたりの伸びを5.0と求めて，直線を表す式は次のように(2.2)式となる．

　　　　　売上高＝100.0＋5.0(年度－1991)　　　　　　　　　　　　　　　(2.2)

さて，この2つの式は直線を引く姿をそのまま表していてわかりやすいが，式としては括弧を取りはずして形を整えると，次の(2.3)式で表すことができる．

　　　　　$Y = a + bX$　　　　　　　　　　　　　　　　　　　　　　　　　(2.3)

ここで，X, Y, a, b の意味は次のとおりである．

　　X：グラフの横軸(年度)を表す．
　　Y：グラフの縦軸(売上高)を表す．

  a：$X=0$のときのY値を表す．これを**切片**と呼ぶ．
  b：1年間の売上の増加値を表す．これを**傾向**と呼ぶ．
 なお，グラフ上の点は(X, Y)で示され，このX, Yの値は年度ごとに値が変わり，それらの点をつなぐとひとつの直線になる．ここで，X, Yを変数といい，a, bをパラメータという．これは，a, bの値を1組定めると1つの直線が定まるからである．

2.2.3 直線の評価をしよう

 問2.3で求めた直線をExcel上に入力して残差平方和を求めてみよう．そのために表2.2に示すようなExcelの表を用意すると便利である．入力の方式として先に示した2つの方法のいずれにも対応している．表2.2は1991, 1997の値をそれぞれ100.0, 130.0として直線を引いたとき，残差平方和は20.80と求まることを示している．

問2.5 問2.3でグラフ上に描いた直線から1991, 1997年度の売上高を読み取り表2.2のシートに入力して残差平方和を求めよ．さらに，問2.4で描いたもう1つの直線についても同様にして残差平方和を求めて，どちらが残差平方の意味であてはめのよい直線かを調べよ．さらに，明らかにはずれが大きいと思う直線も引き，その残差平方和がどの程度大きくなるかを調べよ．

2.3 直線を求めよう
2.3.1 回帰分析とは

 さて，直線のあてはめのよさを残差平方和を指標として評価したが，次に残差平方和が最も小さくなる直線を探してみよう．

問2.6 表2.2のExcelシートを用い直線を決める2つの値を適宜入力しながら，残差平方和が小さくなる直線を探すことを試行錯誤により試みよ．

 直線を決める要素は2つあって，これら2つを変えながら残差平方和が最小となるパラメータa, bを試行錯誤で探すことはそれほど簡単ではなかった．しかし，幸いなことに直線を数式で表すことにより最小となるパラメータa, bは解析的にすぐ求まる．このようにある数式（ここでは1次式）を残差平方和が最小になるように当てはめようとするとき，その数式を**回帰式**という．特に1次式の場合に回帰式を得ることを**回帰直線**を求めるともいう．一般にY（**目的変数**という）をX（**説明変数**という）の回帰式で表しその係数を求めることを**回帰分析**という．ここでは解析的に求める回帰分析の話題は省略するが，Excelを使用すると簡単な操作で回帰分析を行うことができる．次にその方法を表2.2の

シート上で示そう．

表2.2 売上高を表す直線を評価するシート

	A	B	C	D	E	F	G	H	I
1	＊＊＊ 売上高を表す直線を求めるシート ＊＊＊								
2	残差平方和の小さい直線を探せ。								
3	方法1．1994年度の売上高と1年間の増加値を入力して直線を決める								
4	方法2．1991、1997の両年度の売上高を入力して直線を決める								
5	上記のいずれかにより、直線を決めるとそのときの直線の式と残差平方和が示される。								
6									
7		入力欄							
8		方法1				方法2			
9		1994の売上高				1991の売上高		100.0	
10		1年間の増加				1997の売上高		130.0	
11		注意 方法1か方法2かいずれか1つのみ使用し，使用しない方は空白としておくこと							
12									
13		出力欄							
14		直線の式 Y＝a＋b＊(X－1994)							
15		a＝		115.0					
16		b＝		5.0					
17		残差平方和		20.80					
18									
19		No.	X年度	Y売上高	推定値	残差	残差2乗	X－1994	
20		1	1991	100.0	100.0	0.0	0.00	−3	
21		2	1992	103.8	105.0	−1.2	1.44	−2	
22		3	1993	113.0	110.0	3.0	9.00	−1	
23		4	1994	116.1	115.0	1.1	1.21	0	
24		5	1995	121.7	120.0	1.7	2.89	1	
25		6	1996	124.9	125.0	−0.1	0.01	2	
26		7	1997	132.5	130.0	2.5	6.25	3	
27				812.0	805.0	7.0	20.8	0.0	
28									

注）このシート上で設定したセルの式などの内容を本章末(29ページ)に示してある．

まず，Excelのメニューで［ツール(T)］にある［分析ツール(D)］内の数多くあるツールの中から［回帰分析］を選んで呼び出す．続いて表2.3に示す3項目を指定すると，回帰分析の結果が新しいシート上に得られる．

表2.3 回帰分析の指定項目

指定項目	指定内容	備　　考
［入力Y　範囲(Y)］	C19:C26	目的変数の範囲を指定
［入力X　範囲(X)］	G19:G26	説明変数の範囲を指定
［ラベル(L)］	チェックする	ラベルを範囲に含めているため

その結果から回帰式の係数と回帰，残差，合計の3つの平方和が得られる．まず，回帰式を(2.4)式に示す．

$$売上高 = 116.0 + 5.3(年度 - 1994) \tag{2.4}$$

次に，平方和は回帰平方和＝786.52，残差平方和＝11.28，合計平方和＝797.80と求まる．これらの平方和の値は次のように直接に計算できるものである．

$$(100.1-116.0)^2 + (105.4-116.0)^2 + (110.7-116.0)^2 + (116.0-116.0)^2 + \cdots$$
$$+ (131.9-116.0)^2 = 786.52 \tag{2.5}$$

$$(100.0-100.1)^2 + (103.8-105.4)^2 + (113.0-110.7)^2 + (116.1-116.0)^2 + \cdots$$
$$+ (132.5-131.9)^2 = 11.28 \tag{2.6}$$

$$(100.0-116.0)^2 + (103.8-116.0)^2 + (113.0-116.0)^2 + (116.1-116.0)^2 + \cdots$$
$$+ (132.5-116.0)^2 = 797.80 \tag{2.7}$$

ここに，(2.5)式の100.1, 105.4, …の値は(2.4)式の年度に1991, 1992, …の値を入れると回帰式の値として求まる．これらをその年度の**推定値**という．

(2.5)式は推定値と実際の売上高の平均値116.0との差の平方和を示し，(2.6)式は実際の売上高と推定値との差の平方和を示し，(2.7)式は実際の売上高と平均値116.0との差の平方和となっている．

回帰平方和は合計平方和797.80から残差平方和11.28へ平方和が786.52減少したことを示し，回帰直線の効果を表すものである．

2.4　直線的傾向と見てよいかを確かめるには

さて，回帰式を1次式と仮定したときには，Excelを使用すれば手軽に係数などが算出される．しかし，それだけで直線的傾向であると決めつけるのは早過ぎる．「直線によって傾向を表すのが適切である」ことを確かめるためにはこれだけでは不十分で，その他の代替案を描きその中から適切なものを選ぶ立場で検討することが望まれる．これはExcelシート上では手軽に回帰分析が行えることからも，またデータ分析の質を向上する上から

も重要である．ここでは，代替案として次のケース1，ケース3を追加し残差平方和の変化を調べよう．

　ケース1　増加傾向はなく一定である
　ケース2　回帰直線をあてはめる
　ケース3　増加傾向が直線のように年々同じでなく次第に強く（または弱く）なる

この3ケースを回帰式で表すと次のとおりである．

　　ケース1：$Y = a$ 　　　　　　　　　　　　　　　　　　　　　　　(2.8)
　　ケース2：$Y = a + bX$ 　　　　　　　　　　　　　　　　　　　　(2.9)
　　ケース3：$Y = a + bX + cX^2$ 　　　　　　　　　　　　　　　　　(2.10)

　ここで，ケース1の一定値 a は7つの売上高の平均値に等しいときに残差平方和が最小となる．実はこのときの残差平方和の値はケース2の回帰分析を行ったとき，平方和の合計として797.80と示されている．((2.7)式参照)

　ケース2，ケース3の回帰分析をおこなうために表2.4のシートに示すようにX範囲のデータを準備し，表2.5のように指定を行えば，回帰分析の結果がそれぞれ別シートに得られる．なお，表2.4では年度の代わりに1994をベースにして，年度−1994をXとしている．

　回帰分析の結果を表2.6に示す．(2.8)式より(2.9)式へ，さらに(2.10)式へと項を増やした効果を残差平方和の減少量により見ていくと，a項に対してbX項を追加した効果は786.52，さらに，cX^2項を追加した効果は0.43である．cX^2項を追加した効果はわずかであり，ケース2が適当と判断できる．一般には項の数を増やすと回帰式のあてはまりはよくなり残差平方和は減少する傾向がある．しかし，この例が示すように項を増やすことは，その効果を認められる範囲内で行うのがよい．むやみに残差平方和を減少させても得られる回帰式の値は不安定になるからである．この例ではほとんど自明といえるが，場合によれば，この判断にあたり統計の知識を援用することが行われる．

表2.4　ケース2，ケース3の回帰分析用シート

	A	B	C	D	E	F	G
1	ケース2，ケース3の回帰分析シート						
2							
3	No.	年度	Y売上高	X	X^2		
4	1	1991	100.0	-3	9		
5	2	1992	103.8	-2	4		
6	3	1993	113.0	-1	1		
7	4	1994	116.1	0	0		
8	5	1995	121.7	1	1		
9	6	1996	124.9	2	4		
10	7	1997	132.5	3	9		
11							

表2.5　回帰分析の指定項目

指定項目	指定内容	備考
ケース2のとき		
［入力Y　範囲(Y)］	C3:C10	
［入力X　範囲(X)］	D3:D10	
［ラベル（L）］	チェックする	
ケース3のとき		
［入力X　範囲(X)］	D3:E10	変更部分のみの指定でよい

表2.6　ケース一覧表

ケース	パラメータ	残差平方和	残差平方和の減少	
1	$a=116.0$	797.80		
2	$a=116.0, b=5.3$	11.28	ケース1－ケース2	786.52
3	$a=116.3, b=5.3, c=-0.07$	10.85	ケース2－ケース3	0.43

2.5　過去の傾向から予測すると

　過去から継続している傾向は特別な状況の変化がない限り，過去の傾向が将来も続くと考えることが予測の基本といえよう．前節によって，表2.1に示される7年間の売上数の実績には直線的な増加傾向があることが示されたので，1998年度，1999年度の売上数の予測値を直線の式によって求めよう．

　(2.9)式にa，bの値を入れると

$$Y = 116.0 + 5.3X \tag{2.11}$$

となり，(2.11)式で1998年度については$X=4$とおき，1999年度については$X=5$とおいて，それぞれの予測値を次のように求めることができる．

$$1998 : 116.0 + 5.3 \times 4 = 137.2 \tag{2.12}$$
$$1999 : 116.0 + 5.3 \times 5 = 142.5 \tag{2.13}$$

　次に，特定年度に売上の増加する要因があるが，その影響の大きさはわかっていないという場合を対象にしよう．

　千葉支店のある地域における1991年から1997年までの毎年のオレンジジュース売上数を表2.7に示す．このデータを用いて1998年と1999年の売上数を予測したい．なお，1996年にはこの地域で世界的なイベントが開催され売上が増加しているので，その影響も数量で把握したい．

表2.7　千葉支店のオレンジジュースの売上数推移　　単位：千個

年度	1991	1992	1993	1994	1995	1996	1997
売上個数	479	592	635	768	886	1024	1042

問2.7 表2.7の売上数のデータをグラフに表せ．大勢としては毎年同じ程度の伸びを示しているが，1996年の売上数はこの傾向線をどの程度上回っているか．1996年度を除いて傾向線を引き1996年度のイベントの影響を評価してみよ．

毎年同じ程度の伸びを示し，1996年度においては特別にその傾向線を上回っているという状況を表すための回帰式は，1996年度のみ1をとりその他の年度では0であるような変数Uを導入すると，次の(2.14)式のように表すことができる．

$$Y = a + bX + cU \tag{2.14}$$

ここに，目的変数として売上数Yを，説明変数として年度を示すXとイベントの有無を示す変数Uを取り上げている．(2.14)式の第3項cUは1996年度のみcでその他の年度は0である．すなわち，説明変数Uの係数cはイベントの影響を示している．このように値が0，1の変数を**ダミー変数**といい，データ分析者の思いを取り入れて特別な影響の有無を確かめるには極めて有効である．表2.8にこれらのデータを示した．このシート上で回帰分析を行うとこの回帰式は(2.15)式となる．

$$Y = 765.4 + 95.3X + 68.0U \tag{2.15}$$

(2.14)式をUの値によって書き分けると次のようになる．

$$Y = 765.4 + 95.3X \qquad X=2以外のとき \tag{2.16}$$
$$Y = 765.4 + 95.3X + 68.0 \qquad X=2のとき \tag{2.17}$$

これより，毎年の増加は95.3千個でイベントの影響は売上数68.0千個の増であったことがわかる．

なお，イベントの影響を無視したケース（説明変数Xのみとする）で回帰分析し，平方和を比較すると表2.9となり，イベントの影響の大きさを残差平方和の値で確認することができる．

表2.8 データ表

	A	B	C	D	E	F	G	H	I
1									
2	No.	年度	売上数	X	イベントU		回帰分析の指定項目		
3	1	1991	479	-3	0		指定項目	指定内容	
4	2	1992	592	-2	0		[入力Y 範囲(Y)]	C2:C9	
5	3	1993	635	-1	0		[入力X 範囲(X)]	D2:E9	
6	4	1994	768	0	0		[ラベル(L)]	チェックする	
7	5	1995	886	1	0				
8	6	1996	1024	2	1				
9	7	1997	1042	3	0				
10									

表2.9 平方和の比較

	回帰平方和	残差平方和	合計平方和
イベント変数 U を含む　　(1)	284104	2261	286365
イベント変数 U を含まない(2)	280801	5564	286365
差　(1)−(2)	3303	−3303	0

さて，1998，1999年度の予測値はイベントがないものとして次式で算出される．
$$1998: 765.4+95.3\times 4=1146.6 \tag{2.18}$$
$$1999: 765.4+95.3\times 5=1241.9 \tag{2.19}$$

この例のイベントの効果のように，効いている可能性のある要因については，それを含めたときと含まないときと両方の回帰式を検討の対象にして，その結果から判断することが必要である．

ここでは，データの分析以前からイベントによる影響があるとしていたが，それを知らなかったときに1996年度について理由はともかくとしても特異であるから，その年度を除いて解析したいことも起こる．このときにもダミー変数を使用すると便利である．

問2.8 1996年度の行を削除して，6年間のデータで回帰直線を求めると(2.16)式と同じ回帰式が得られることを確かめよ．

2.6 気温その他の多くの要因を考慮するとき

今まで1つか2つの説明変数の回帰式を求めてきたが，売上に影響する要因が数多くいろいろ考えられるとき，それらの要因のどれが有効でどれが有効でないかを検討することが必要になる．この節では，日々の売上データを対象にいくつかの要因を取り上げた事例により話を進めよう．

問2.9 Excelを用いて表2.10の売上データのグラフを描き，曜日・気温などがどう影響しているかを調べよ．なお，売上を縦軸に，曜日および気温をそれぞれ横軸にした散布図も描くとよい．

表2.10のシートは目的変数を売上，説明変数を気温などとして，日々のデータを分析している．ケース1は気温のみを説明変数として，気温が1度高いと売上が15.0千個増加する傾向がわかった．ケース2は平日より土曜・日曜は売上が多いのではという思いを確かめるために，説明変数に土曜と日曜を加えて回帰分析を行い，平日より土曜は63.9千個，日曜は60.8千個多いという結果を得た．しかし，土曜と日曜の差はわずかであるからこと

さら区別する必要はないと考えて，ケース3は土曜・日曜をまとめて休日という説明変数により回帰分析を行ったが，その結果，ケース2とケース3の残差平方和の差はわずかであり，土曜と日曜に区別するまでもないことがわかった．

表2.10 気温と休日による売上高の回帰分析

	A	B	C	D	E	F	G	H	I	J	K	L	M	N	O
1											回帰分析の結果				
2	No	月日	曜日	売上	気温	土曜	日曜	休日	6/20		ケース	1	2	3	4
3	1	6月1日	水曜	614	27.2	0	0	0	0		目的変数	売上	売上	売上	売上
4	2	6月2日	木曜	606	25.3	0	0	0	0		説明変数				
5	3	6月3日	金曜	626	26.8	0	0	0	0		気温	○	○	○	○
6	4	6月4日	土曜	702	30.1	1	0	1	0		土曜		○		
7	5	6月5日	日曜	748	29.4	0	1	1	0		日曜		○		
8	6	6月6日	月曜	612	26.1	0	0	0	0		休日			○	○
9	7	6月7日	火曜	626	26.3	0	0	0	0		6/20				○
10	8	6月8日	水曜	626	26.8	0	0	0	0		係数				
11	9	6月9日	木曜	572	24.1	0	0	0	0		切片	234.7	219.5	220.3	221.4
12	10	6月10日	金曜	512	21.6	0	0	0	0		気温	15.0	14.9	14.9	14.8
13	11	6月11日	土曜	580	19.5	1	0	1	0		土曜		63.9		
14	12	6月12日	日曜	596	20.3	0	1	1	0		日曜		60.8		
15	13	6月13日	月曜	586	24.8	0	0	0	0		休日			62.4	64.9
16	14	6月14日	火曜	620	25.5	0	0	0	0		6/20				56.0
17	15	6月15日	水曜	622	26.1	0	0	0	0		平方和				
18	16	6月16日	木曜	566	24.3	0	0	0	0		回帰	42610	65459	65441	68427
19	17	6月17日	金曜	524	21.2	0	0	0	0		残差	35054	12204	12223	9237
20	18	6月18日	土曜	646	24.3	1	0	1	0		合計	77664	77664	77664	77664
21	19	6月19日	日曜	664	26.2	0	1	1	0		回帰分析の指定項目				
22	20	6月20日	月曜	666	26.3	0	0	0	1		共通				
23	21	6月21日	火曜	616	27.3	0	0	0	0		［入力Y 範囲(X)］ D3:D32				
24	22	6月22日	水曜	639	27.8	0	0	0	0		［ラベル(L)］ チェックする				
25	23	6月23日	木曜	602	27.1	0	0	0	0		ケース1				
26	24	6月24日	金曜	590	26.5	0	0	0	0		［入力X 範囲(X)］ E2:E32				
27	25	6月25日	土曜	726	27.8	1	0	1	0		ケース2				
28	26	6月26日	日曜	686	29.3	0	1	1	0		［入力X 範囲(X)］ E2:G32				
29	27	6月27日	月曜	600	27.5	0	0	0	0		ケース3				
30	28	6月28日	火曜	636	26.8	0	0	0	0		［入力X 範囲(X)］ R2:S32				
31	29	6月29日	水曜	597	24.5	0	0	0	0		［残差 残差(R)］ チェックする				
32	30	6月30日	木曜	662	28.1	0	0	0	0		ケース4				
33											［入力X 範囲(X)］ R2:T32				
34	R列はE列をコピー，S列はH列をコピー，T列はI列をコピーしたもの														

次に，各ケースについて日々の残差を求めると表2.11となる．ケース3の6月20日の残差53.4が飛び抜けて異常であることに気づく．その理由は思い当たらないが，仮にこの6月20日を除いて試算したものがケース4である．すると残差平方和は12223から9237と大きく減少しており，何らかの理由が見つかってよさそうである．このように残差から有力な情報を見つけようとすることを**残差分析**といい，データ分析の重要な項目となっている．

表2.11 残差リスト

No	月日	曜日	売上	ケース1 推定値	残差	ケース2 推定値	残差	ケース3 推定値	残差	ケース4 推定値	残差
1	6月1日	水曜	614	642.8	-28.8	626.1	-12.1	626.1	-12.1	623.3	-9.3
2	6月2日	木曜	606	614.3	-8.3	597.7	8.3	597.7	8.3	595.3	10.7
3	6月3日	金曜	626	636.8	-10.8	620.1	5.9	620.1	5.9	617.4	8.6
4	6月4日	土曜	702	686.3	15.7	733.4	-31.4	731.7	-29.7	731.1	-29.1
5	6月5日	日曜	748	675.8	72.2	719.8	28.2	721.3	26.7	720.8	27.2
6	6月6日	月曜	612	626.3	-14.3	609.7	2.3	609.7	2.3	607.1	4.9
7	6月7日	火曜	626	629.3	-3.3	612.7	13.3	612.6	13.4	610.0	16.0
8	6月8日	水曜	626	636.8	-10.8	620.1	5.9	620.1	5.9	617.4	8.6
9	6月9日	木曜	572	596.3	-24.3	579.8	-7.8	579.8	-7.8	577.5	-5.5
10	6月10日	金曜	512	558.8	-46.8	542.4	-30.4	542.5	-30.5	540.6	-28.6
11	6月11日	土曜	580	527.3	52.7	574.9	5.1	573.6	6.4	574.5	5.5
12	6月12日	日曜	596	539.3	56.7	583.8	12.2	585.5	10.5	586.3	9.7
13	6月13日	月曜	586	606.8	-20.8	590.2	-4.2	590.3	-4.3	587.9	-1.9
14	6月14日	火曜	620	617.3	2.7	600.7	19.3	600.7	19.3	598.2	21.8
15	6月15日	水曜	622	626.3	-4.3	609.7	12.3	609.7	12.3	607.1	14.9
16	6月16日	木曜	566	599.3	-33.3	582.8	-16.8	582.8	-16.8	580.5	-14.5
17	6月17日	金曜	524	552.8	-28.8	536.4	-12.4	536.6	-12.6	534.7	-10.7
18	6月18日	土曜	646	599.3	46.7	646.7	-0.7	645.2	0.8	645.4	0.6
19	6月19日	日曜	664	627.8	36.2	672.0	-8.0	673.5	-9.5	673.5	-9.5
20	6月20日	月曜	666	629.3	36.7	612.7	53.3	612.6	53.4	666.0	0.0
21	6月21日	火曜	616	644.3	-28.3	627.6	-11.6	627.6	-11.6	624.8	-8.8
22	6月22日	水曜	639	651.8	-12.8	635.1	3.9	635.0	4.0	632.2	6.8
23	6月23日	木曜	602	641.3	-39.3	624.6	-22.6	624.6	-22.6	621.9	-19.9
24	6月24日	金曜	590	632.3	-42.3	615.6	-25.6	615.6	-25.6	613.0	-23.0
25	6月25日	土曜	726	651.8	74.2	699.0	27.0	697.4	28.6	697.1	28.9
26	6月26日	日曜	686	674.3	11.7	718.3	-32.3	719.8	-33.8	719.3	-33.3
27	6月27日	月曜	600	647.3	-47.3	630.6	-30.6	630.5	-30.5	627.8	-27.8
28	6月28日	火曜	636	636.8	-0.8	620.1	15.9	620.1	15.9	617.4	18.6
29	6月29日	水曜	597	602.3	-5.3	585.8	11.2	585.8	11.2	583.4	13.6
30	6月30日	木曜	662	656.3	5.7	639.6	22.4	639.5	22.5	636.6	25.4

ところで，この例では後日よく調べたら6月20日の売上666は入力ミスで606が正しいことが判明した．このような入力ミスは実社会ではよくあることである．なお，ケース1の気温のみを変数とした場合の残差からは6月20日の異常は見つからず，休日の要因を取り入れて，回帰式のあてはめ精度が上がったために見つかったものである．

問2.10 6月20日の売上を修正して回帰分析を行い，表2.10と比較せよ．

　以上，データ分析者の思いにもとづいて説明変数を逐次追加しながら検討を進めたが，説明変数の数が多くなると簡単ではない．そこで，説明変数の組み合わせを機械的に行う考え方を併用したくなる．これに応える方式の１つに**変数増加法**がある．変数増加法とは次に示すように追加する変数を１つずつ決めていく方式である．たとえば，説明変数の候補が７つあるときに，まず，説明変数の数が１つの回帰分析を７ケース行い，その中から残差平方和が最小なケースを採用して，それを第１の説明変数とする．次に，残りの６つの説明変数を１つずつ追加した回帰分析を６ケース行い，その中から残差平方和の最小なものを第２の説明変数として採用する，という具合にすすめ残差平方和の減少が大幅でなくなれば打ち切るという方式である．なお，７つの説明変数の組み合わせすべてについて回帰分析を行いその中から選ぶ場合にくらべて，回帰分析を行うケースははるかに少ないが，結果は必ずしも一致するとは限らないのでデータ分析者の判断が重要である．

2.7 データ分析に取り組む姿勢

　回帰分析をツールとしてデータ分析の取り扱い方を述べてきた．その特徴のひとつは回帰分析は一発で結果が得られるものではなく，分析者の智恵をもとに代替案をいろいろと考えて，数多くの回帰分析の中からどれが適切かを，データ分析者が自ら考えながら結論を見出すということにある．その過程で新たな知見も見つけられた．Excelの分析ツールの中には回帰分析以外にも移動平均や指数平滑など有用なツールが多々あり，それらも回帰分析と同様に，取り組む姿勢によってより大きな効果が挙げられる．そして，しっかりしたデータ分析により売上に影響する要因を把握してこそ，売上のデータ構造が明らになり，それが予測に役に立つのである．

参考：表2.2のシート既設定セルの内容

セル	埋め込み計算式	備考
D15	=IF(H9=0, D9, (H10+H9)/2)	方法１に入力されていれば方法１を，そうでないときは方法２を採用する
D16	=IF(H10=0, D10, (H10−H9)/6)	
D17	=SUMPRODUCT(E20:E26, E20:E26)	
D20	=$D$15+$D$16*(B20−1994)	
E20	=C20−D20	
F20	=E20^2	
G20	=B20−1994	
D21:D26	D20：G20をD21：D26へコピー	
C27	=SUM(C20:C26)	
D27:G27	C27をD27：G27へコピー	

第3章　商品はどれだけ準備しておくか

―在庫の考え方―

　第1章では，OR社の営業担当がお得意先から注文を取り，工場から商品を取り寄せて販売店に卸して行く状況を想定して，どんなデータが必要かを考えた．得意先からの注文に迅速に応えることが，営業活動をスムーズに進める上でも大切であるから，品切れは起こしたくない．そこで，需要を予測して生産量を決める必要が生じ，それに役立つデータは何かを第2章で考えたのである．

　そのようにして生産された商品が卸から小売へ，そして消費者へと流れていくいろいろな段階で在庫があり，しかも必要な量の商品はいつも用意されていることが望まれるが，制限なく**在庫**を増やすことは経済的に望ましいことではない．そこで，どの程度の在庫を置いておくのが適当か，という問題をこの第3章では考えよう．

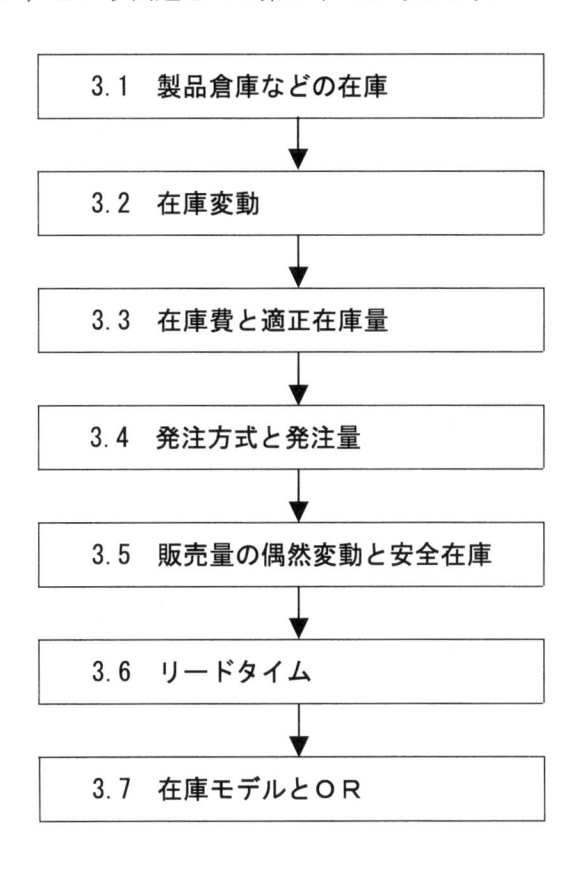

```
┌─────────────────────────────┐
│ 3.1  製品倉庫などの在庫       │
└─────────────────────────────┘
              ↓
┌─────────────────────────────┐
│ 3.2  在庫変動                │
└─────────────────────────────┘
              ↓
┌─────────────────────────────┐
│ 3.3  在庫費と適正在庫量       │
└─────────────────────────────┘
              ↓
┌─────────────────────────────┐
│ 3.4  発注方式と発注量         │
└─────────────────────────────┘
              ↓
┌─────────────────────────────┐
│ 3.5  販売量の偶然変動と安全在庫 │
└─────────────────────────────┘
              ↓
┌─────────────────────────────┐
│ 3.6  リードタイム             │
└─────────────────────────────┘
              ↓
┌─────────────────────────────┐
│ 3.7  在庫モデルとOR           │
└─────────────────────────────┘
```

3.1 製品倉庫などの在庫

　完全な売上予測など望むべくもないからと言って，注文を受けてから製造にかかることに切り替えたとしよう．そのときは，注文分だけしか作らないのであるから，売れ残りは決して生じないかというと，おそらくそうはならないであろう．というのは，その場合，客は長く待たされることになるため，「それなら他の銘柄の商品を買うよ」といって，折角の注文を取り消され，作った品物が売れ残ってしまうかもしれない．そもそも清涼飲料を注文生産にしたとしたら，注文はほとんど取れないか，たとえ取れたとしても，次回からは敬遠されてしまいかねないであろう．とても，営業努力では補える状況ではあるまい．

　そのようなことになっては元も子もないから，生産者はある程度作りだめをしておき，小売業者も常に在庫を用意して，消費者が買いたいと思ったときにすぐに対応できるようにしようとするのが普通である．このため，生産者は需要を予測し，それに基づいて生産をすることになる．もちろん，予測がどんぴしゃりと当たるわけではない．当たらないときには，さまざまなトラブルが発生する可能性がある．

問3.1 予測が当たらない原因として考えられるものを三つ以上挙げよ．

問3.2 予測が当たらないときに発生しうるトラブルとしてどんなものが考えられるか．三つ以上挙げよ．

　このようなトラブルを避けるためには，いつでもすぐ注文に応じることの出来るよう，製品を用意しておくことが考えられる．このために製品倉庫が設置され，製造された製品は将来の販売に備えてストックされる．こうして，ストックすなわち在庫が生ずる．

　しかし，どんなに在庫を用意しても，爆発的な売れ行きをする場合には，商品の供給は間に合わないであろう．その場合には，品切れのために顧客を失うかもしれないが，製造能力を超える生産は，新たな設備投資をしない限り無理であるから，これは致し方ない．反面，あまりたくさん貯めてしまうのも問題である．特にOR社のような清涼飲料の販売の場合には深刻になりかねない．

問3.3 在庫が貯まりすぎて困るのは，どのような理由によると考えられるか．

　上で考えたように，在庫というものは多すぎても少なすぎても困る．適正な**在庫水準**というものがあるらしい，ということに気がつくであろう．ここで，在庫水準という言葉を用いたが，これは在庫量のことと考えて良い．倉庫の商品も貯水池の水も話が似ているので，水位と言う言葉に当たる用語として在庫水準（英語では level）がよく用いられる．

3.2 在庫変動

さて,適正な在庫水準を求めるためには,まず**在庫変動**を知らなくてはならない.ダムに水が貯められるのと同様に,製品倉庫にも,貯められるべき品物,すなわち商品が入ってくる(**入庫**).一方,注文に応じて商品を売るときは倉庫から商品を運び出す(**出庫**).

入庫にせよ出庫にせよ,水と違ってOR社の製品は絶えず流れ込んだり流れ出したりはしない.ある時点において倉庫に運び込まれ,あるいは倉庫から運び出される.つまり,在庫量の変化が起こるのは間欠的,いいかえると離散的な時点に限られている.そして,その量も何ケースというように数で数えられる.すなわち,在庫量も離散的な量である.

問3.4 いろいろなタイプの倉庫や貯蔵施設を考え,入庫や出庫のタイプがどのようになっているか(離散的か連続的かなど)について説明せよ.

さて,ここでは,OR社の販売拠点の一つである神奈川営業所から商品を仕入れている小売店「やすい」に注目することとしよう.OR社の商品は,各工場に隣接する製品倉庫から五つの営業所の指示に従って一旦営業所倉庫に納められ,各得意先にはそこから出荷されている.

営業所では,電話やFAXによる注文やセールスマンが得意先を回って集めた注文によって,毎日の出荷指示を倉庫に対して行っている.指示された商品は,配送用のバンで各注文主に届けられる.一方,工場倉庫からは,毎週金曜日にトラックで製品が運び込まれることになっている.

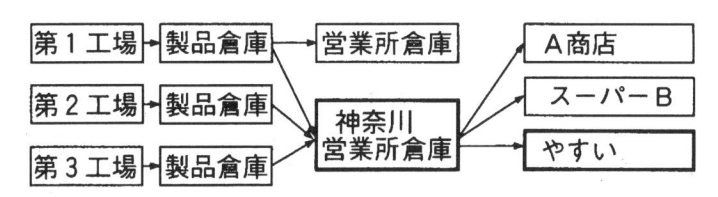

図3.1 製品配送システム

営業所からの配送システムには,週1回の割で各得意先を回る大体のルートが組まれていて,この配達日に定期的に配送された品物は,その代金の0.5パーセントを割り引かれるため,多くの小売店は,定期的に発注することを原則としている.実際には,各小売店は配送を受けた時に次週の注文をしてしまうか,もしくは配送日の前日までにOR社にFAXを入れるようにしている.「やすい」は次週分を注文してしまう方式でやっている.

ところで,小売店が注文を出すとき,現在の在庫水準を見て適当に注文量を決めてしまうことも多いが,「やすい」では,もう少しきめの細かい方法をとっている.つまり,こ

の店では，ＯＲ社製品に限らず取り扱っている商品の管理簿を用意して，過去の売れ行きも勘案しながら注文量を決めているのである．

問3.5 「やすい」における商品管理簿を，ＯＲ社製品を対象とする分について設計してみよ．商品管理簿は，商品の納入と販売とが共に記されており，上述のように次の注文量を決めるのに役立つものである．

問3.6 この店の立地条件などを各自想定し，その上で，適当と思われる販売量を仮定しながら，この商品管理簿に必要な数字を記入し，毎週の注文量を決定せよ．この操作を２週分行え．また，その数字を眺めて，どのような感想を持つか．

問3.7 問3.5において設計した商品管理簿には，改良の余地はないか，考えて見よ．また，「やすい」が採用している注文の方式と，配送日の前日にFAXで注文する方式との優劣を比較せよ．

表3.1は，199*年３月の２週間における毎日終業時における「やすい」のＯＲ社製品についての在庫水準である．「やすい」は毎週月曜日が休みで，ＯＲ社からの配送は，火曜日の朝に行われる慣習になっている．

表3.1　199*年３月の毎日終業時における「やすい」のＯＲ社製品在庫量(本)

	1(日)	3(火)	4(水)	5(木)	6(金)	7(土)
茶々　缶	52	421	333	243	174	97
茶々　ボトル	112	301	273	241	207	174
コーヒーブラック	30	301	226	183	133	65
コーヒーミルク	82	549	502	421	336	221
オレンジジュース　缶	15	496	441	371	285	197
オレンジジュース　ボトル	68	279	236	194	161	114
野菜ミックス	43	282	245	203	166	125
さわやかピーチ	33	310	268	226	181	142
	8(日)	10(火)	11(水)	12(木)	13(金)	14(土)
茶々　缶	16	431	362	268	185	104
茶々　ボトル	141	301	269	236	206	176
コーヒーブラック	18	318	279	201	200	140
コーヒーミルク	124	570	486	393	393	297
オレンジジュース　缶	128	532	439	375	287	212
オレンジジュース　ボトル	76	272	238	200	183	155
野菜ミックス	79	285	244	210	178	142
さわやかピーチ	94	330	275	234	185	149

問3.8 表3.1に基づいて，毎日の在庫水準の変動を図に書き表せ．そこから，どんな特徴が見いだされるか．

3.3 在庫費と適正在庫量

倉庫に商品を置いておくだけでも，いろいろな種類の費用がかかる．自前の倉庫を持たないとしたら，倉庫の借り賃などが必要であろう．もし，自前の倉庫を持つつもりならば，土地や建物の取得費用を何年分の賃貸料が上回るか，慎重に検討してから決めるであろう．このことを裏から見れば，倉庫取得費用の減価償却費が毎年固定的にかかっていることになる．このように，固定的に掛かる費用を**固定費**と呼ぶ．

一方，商品を貯蔵するときに忘れてはならない費用に，一般に**変動費**と呼ばれる費用がある．これは，在庫している品物の量に比例して掛かる費用である．その大きなものは商品価格の利子である．その商品を在庫することなくすぐに売ることができたとしたら当然手に入る資金には利子がつくが，在庫商品には利子がつかない．したがって，品物を在庫として寝かせている間，少なくとも利子分の費用がかかっていると考えるのが適当であろう．また，自前の倉庫を持たずに，どこかの倉庫業者に品物を預かってもらう場合には，品物の量に応じた**保管料**が必要であろう．

さらに，時には**陳腐化損失**もある．在庫期間が長すぎると，一般に商品は陳腐化して元の値段では売れなくなるのが普通である．生鮮食品であれば，完全に捨てなければならなくなることもある．そのときは，廃棄するためにかえって費用がかかることすらある．

このような事情から，昔は「在庫は企業の資産」と考えられていたのに，いつの間にか「在庫は企業の墓場」とまで言われるようになったという．それで，ただ商品を手元においていつでも顧客の要請に応えられることだけを考えて在庫を置くのではなく，必要最小限の在庫を置くことを心がけることが大切である．そして，商品や原材料の性質によって，在庫にかかる費用，特に支配的な費用の性格が異なることに配慮して，在庫する品物に合った管理を考えるようにしたい．また，適正な在庫水準を考える際，何が固定費で何が変動費であるかにも注意したい．

問3.9 ＯＲ社の営業所倉庫における在庫費用としては，主としてどのようものを考えればよいか．小売店「やすい」ではどうか．また，それらの費用を固定費と変動費に分類せよ．

ここで，倉庫にはどのくらいの在庫を置くのがよいのか，という点について考えてみよう．3.1で注意したように，在庫を置く目的は，品切れによる売りそこないを避けるためである．と言って，過剰な在庫も禁物であるから，原則的には，長い目で見たときに出入

りの量はバランスしていなければならない．工場の製品倉庫の場合は，入庫は生産計画で大体決まるから，ある月に倉庫に運び込まれる製品の量は，概ねその前月には決まると考えてよかろう．つまり，1月か2月後の需要量を予測して決められた生産量が倉庫への入庫量である．一方，出庫量はその月の需要量そのものであるから，結局のところ，需要量の実績と予測の差が，その月に倉庫に残される量となる．この値がマイナスのときには，それだけ翌月初めの在庫が減ることになる．

営業所倉庫や小売店の場合には，在庫水準に応じて入庫量をコントロールすることが原則的には可能である．しかし，次の入庫の機会までの需要を予測して発注するので基本的な事情に大差はないと言えるであろう．

このように，毎週あるいは毎月のはじめの在庫量に，その週あるいは月の需要量の実績と予測の差（これは正のときも負のときもある）だけ加えられて次の期のはじめの在庫量が決まって行くので，もちろん，その値は一定ではない．需要実績はその期間が終わってみなければわからない．ここで，在庫水準を見直す時期は週でも月でもあるいは日でも構わないが，その時期のはじめの在庫量を**期首在庫量**，終わりの在庫量を**期末在庫量**と呼ぶ．

さて，長期的に見て，出入りがバランスしているということは，この差の期待値が0ということに当たる．当然のことながら，良い予測は，すべてこの差の期待値が0であるように心がけている．そうであっても，現実には確率的に変動するので，そのバラツキへの対応が必要になる．いくら理論的にはバランスが取れていると主張してみても，現実に品切れを起こしたのでは何にもならない．というよりも，長期的にはバランスしていても，短期的には変動しているのが当然であるから，ある程度の変動があってもその分の貯えは置いておこうというのが基本的な在庫管理の考え方である．

具体的な適正在庫水準決定の方法は，次の2節で取り扱うが，ここでは，適正な在庫水準は，長期的には増減がなく，短期的な需要の確率変動には対応出来るもの，という基本原則を明確にしておきたい．

問3.10 「やすい」におけるOR社製品の火曜日配送後の適正在庫量を各自工夫して定めよ．

3.4 発注方式と発注量

前節では期首在庫量を話題にしたが，神奈川営業所倉庫や「やすい」には，毎週1回の入庫と毎日の出庫があるので，今度は日を単位として，日々の在庫変動に注目することにしよう．

問3.8で書いた図は在庫変動の実績を表してはいるが，いつもこのような変動をするわけではない．このような図になったのはむしろ偶然であって，他の形の図になることもあ

第3章 商品はどれだけ準備しておくか

り得る．そういういろいろな形の変動を一言で表現するためには，確率分布を利用すると具合がよいが，それについては後に述べる．

典型的な在庫変動は，営業所倉庫や「やすい」のように，入庫は何日かごとに一度にどっと入るが，出庫は毎日あるので，在庫量は入庫のある日にぐんと増え，その後だらだらと減少して，残りが僅かになった頃，次の入庫日を迎えて，在庫は再び急増する，という形を取る．毎日1回の出庫とすれば，その倉庫の在庫水準は次の図のようにガタンガタンと減少する形を取りながら変化するであろう．

もし，毎日の出庫量が一定であるならば，図3.2の太線のように，在庫量は規則正しく階段状に減少し，入庫日に突然大きくなる，という形を繰り返す．

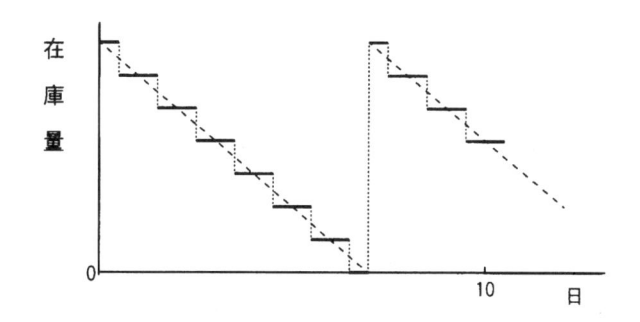

図3.2 毎日の出庫量が一定のときの在庫変動

この変化を図の破線のように連続的に減少するものと見れば，ちょうど三角形を次々に並べた鋸の歯の形になる．しかし，上でも注意したように，毎日の需要量は確率的に変動するから，現実の在庫量はこの鋸歯型の上下に細かな偶然変動をし，問3.8で作った図のような細かいぎざぎざを持った形になるのである．

前節で注意したように，長期的には受発注のバランスが取れていて，細かい変動を無視することが出来る場合には，在庫変動は図3.2のようになる．そこで，まずこの場合にどんな在庫管理方式がよいか考えてみよう．

ある日の在庫量がたとえば100本であったとして，次の日にそれが0になるならば，保管変動費は100本・日にだけかかる．しかし，次の日も100本がそのまま残るとすると，200本・日分の保管変動費が必要である．それで，ある期間の保管費を計算しようとすると，その期間中の延べの在庫量を求めることが必要になるが，これは，今の場合には簡単に計算できる．

図3.2を改めて眺めてみると，横軸は時刻，縦軸は在庫量を示している．それで，在庫量を表す階段状のグラフと横軸の間の面積が，とりもなおさず，求める延べの在庫量とい

うことになる．しかし，この面積は，図からわかるように，折れ線グラフと横軸の間の面積に等しく，それは次のように簡単に計算出来る．

いま，図3.3のように，納入日の入庫量を Q，考える期間を T とすれば三角形の面積の公式から，延べ在庫量は $QT/2$ である．

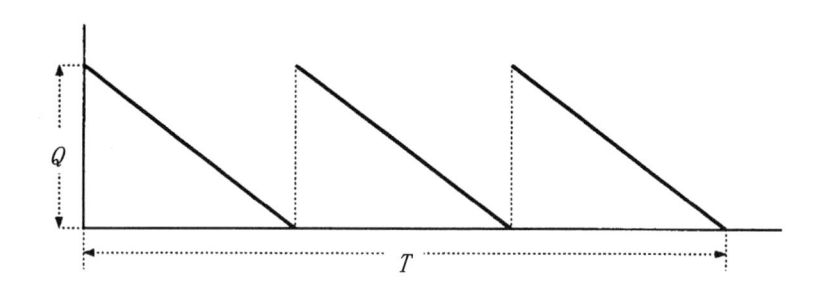

図3.3 理想化された在庫変動と延べ在庫量の計算

期間中の在庫費は，この延べ在庫量に比例するから，単価つまり1本・日当たりの保管変動費を C_1 とすれば，$C_1QT/2$ であることもすぐにわかる．神奈川営業所倉庫のように，保管変動費は運転資金の利子だけとみなされる場合には，商品原価を B，利子率を i とするとき，$C_1=Bi$ と計算される．

ここで，納入日は特に決められていない，と考えてみる．これは，神奈川営業所倉庫の場合には当てはまらない．そこでは，毎週金曜日に工場から製品が運び込まれると仮定されていたからである．ここでの仮定，つまり納入日はいつでもよいという仮定は，製品倉庫よりも，販売拠点や原料倉庫に対して，より適切な場合が多いであろう．それは，注文しさえすれば品物が納入されることを前提としているからである．

さて，今度は1回の発注ごとに C_2 の費用がかかる，と仮定しよう．一般に注文自体にも経費がかかるはずである．そうすると，発注の回数が増えると当然期間中の総発注費は増加する．1回の発注量すなわち入庫量 Q は，発注回数とは反比例の関係にある．T の間の発注回数を N と置けば，

$$NQ = T\text{期間中の総需要量}$$

という等式が成り立つはずで，この式の右辺は定数であることから，反比例の関係であることが容易に理解されよう．

このことから，図3.4のように，横軸に Q を取り，縦軸に費用を取ると，総保管費は Q に比例して増加し，総発注費は Q に反比例して減少する．図の点線はこれら2つの費用の和を表し，それが最小になるときの Q の値 Q^* を求めれば，Q^* は総費用を最小にするような発注量である．それでこの Q^* を**経済的発注量ＥＯＱ**(Economic Order Quantity)と

いう．Q^*は在庫費と発注費という2つの費用のトレードオフとして定まるもので，これら2つの費用を表す曲線の交点に対応している．

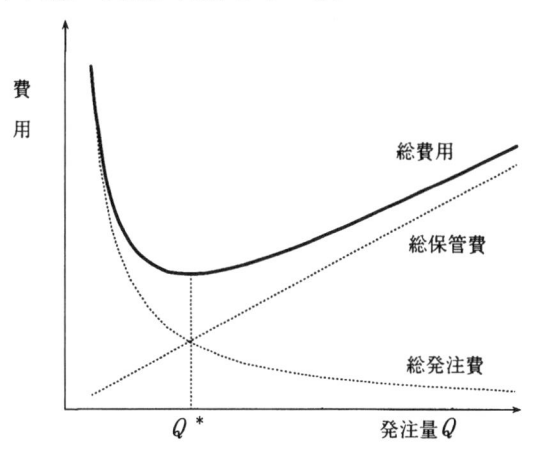

図3.4 1回の発注量に対する総在庫費用の変化

問3.11 Qを変数として，期間T内の発注費と保管変動費の総和を表す式を書け．

問3.12 上式から，EOQを求める公式を導け．

問3.13 普通には毎日の需要が一定であることはないので，在庫量の変化は厳密には図3.3のようにはならない．それでも，EOQの計算式は，1回の発注量を求めるために利用されることが多い．その理由を考えてみよ．

いま説明した在庫管理の方式は**発注点方式**と呼ばれるが，**発注点**そのものの解説は3.6に譲る．それはともかく，基本的な在庫管理の方式には，発注点方式の他に，**定期発注方式**がある．定期発注方式とは，「やすい」のように，納入日があらかじめ定められており，その時の状況に応じて発注量を調整する方式である．この場合には，最適な期首在庫量を計算しておいて，現在の在庫水準に入庫量を加えれば，期首在庫がその値になるように発注する．

3.5 販売量の偶然変動と安全在庫

そもそも在庫は，需要が多い場合に備えるためのものであるから，次の納入日までの需要量に対応できるだけの在庫量を持っていることが原則である．といって，肝心の需要量は前以ってはわからない．そこで，その確率分布を利用する．ここでの前提は，需要の確率分布は時刻に関係せずに不変であるから，過去のデータを分析して予想が立てられる，ということである．

そこで，まず「やすい」における過去の需要量を調べてみよう．表3.2は「やすい」における過去1年のＯＲ社製3品目の販売量である．

表3.2 「やすい」における毎週のＯＲ社製品の販売量
（1月第1週より52週間，単位：本）

週	コーヒーミルク	野菜ミックス	さわやかピーチ	週	コーヒーミルク	野菜ミックス	さわやかピーチ
1	485	289	203	27	565	274	465
2	656	294	206	28	621	283	407
3	559	261	224	29	495	286	416
4	598	273	208	30	562	245	398
5	494	277	227	31	501	253	327
6	571	288	200	32	502	270	312
7	636	290	219	33	575	278	312
8	588	259	228	34	473	276	294
9	577	275	213	35	588	282	314
10	591	264	305	36	571	282	298
11	570	276	340	37	479	295	290
12	546	262	316	38	547	257	326
13	566	277	308	39	564	269	318
14	553	271	311	40	509	267	339
15	608	290	299	41	520	279	291
16	612	284	325	42	535	291	309
17	608	292	327	43	535	284	322
18	461	309	336	44	541	288	319
19	521	262	417	45	592	290	278
20	537	273	425	46	584	300	296
21	627	285	409	47	573	305	216
22	502	287	447	48	586	281	220
23	588	283	366	49	653	269	220
24	538	297	390	59	632	270	195
25	532	284	440	51	543	302	212
26	618	301	431	52	571	260	237

問3.14 表3.2にもとづいて，「やすい」で取り扱う商品ごとに，毎週の需要量の頻度分布を作れ．

［ヒント］まず需要量をいくつかの区間に分け，区間ごとにそこに入る回数を調べる．その際，季節による差があるかどうかもチェックせよ．

需要量の頻度分布を見ると，いわゆる釣り鐘型の分布をしているものもそうでないものもあることに気づくであろう．釣り鐘型の分布のうちでは，**正規分布**と呼ばれる分布は，理論的にも，最も普通にありそうな分布である．そこで，需要分布が正規分布に従うとみなせるかどうかが気になる．そのことを簡単に判定するには，正規確率紙にプロットしてみるとよい．もしくは Excel 統計などのツールを利用して調べるとよい．

正規確率紙は文房具店で売っている．縦軸に正規分布の％を目盛った一見方眼紙に似た

第3章 商品はどれだけ準備しておくか

紙である．需要の少ない方から，その相対頻度を順に加えて行き，その値をこの紙の％に従って記入して行く．このようにして打たれた点がほぼ一直線になれば，この分布は正規分布と見なせることになる．Excel 統計などの簡易な統計ソフトを利用できるときも，これとほぼ同様な図で，正規分布とみなせるかどうかをチェック出来る．

　正規分布とは，図3.5にその概形を示す確率分布で，平均値と標準偏差の値によって完全にその形が定まる．そして，この２つの値がわかると，たとえば需要量がある値を超える確率を計算することが出来る．

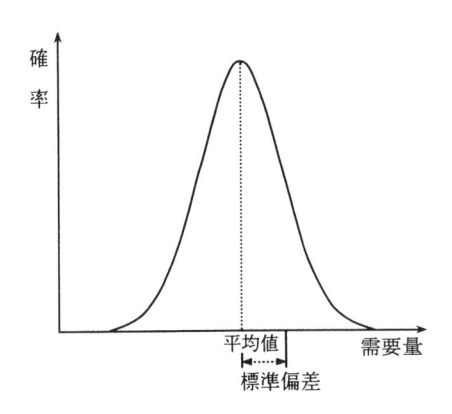

図3.5　正規分布（週間の需要量）

　たとえば，毎週の需要量 X が正規分布に従って変動しているものとみなせるとする．このとき，

$$Y = \frac{X - 平均値}{標準偏差}$$

と置くと，Y は平均値０，標準偏差１の正規分布（これを**標準正規分布**という）に従うと考えてよいことが知られている．そこで，標準正規分布の数表さえ用意しておくと，Y がある値よりも大きい確率を知ることが出来るので，そこから逆算して，X がある値よりも大きい確率を求めることが可能になる．標準正規分布の数表は，ほとんどの確率・統計の書物に付けられているだけでなく，Excel 統計などのソフトでも簡単に利用出来る．

　具体的な例で示すと，次のようになる．

例3.1　「やすい」における「コーヒーミルク」の毎週の販売量の過去１年のデータから，これは平均値560，標準偏差46の正規分布に従うとみなされたと考えよう．そこである１週間における販売量，すなわち需要量を X とするとき，

$$P(X > 660)$$

となる確率は，上の変換によると，(660−560)÷46＝2.2と計算されることから
$$P(Y > 2.2)$$
と等しいので，標準正規分布表から0.014と求められる．この値は数表を引いても良いが，Excelを利用するならば，組み込みの関数（統計）にあるNORMSDISTを用い，この関数を呼び出して，引数として2.2を入れると，0.986097という数値が戻される．この値を1から引いた0.014が求める確率である．

この例では，ある週の需要量が660本を越える確率は僅か1.4%であると考えられる．

この例のような場合には，平均需要量の560本に100本だけ上乗せをして納入日の在庫を用意してあれば，次の納入日までにその在庫が底をついてしまう確率はごく僅かである．1年は52週であるから，その1.4%ということは0.7週になる．つまり，「やすい」が，納入直後には「コーヒーミルク」が660本あるように注文をすれば，これが品切れを起こすことは，平均して1年に1回以下と言うことになる．これくらいならば，運の悪い客に謝っても，客を逃すほどのダメージは受けないであろう．

いまの例でいう100（本）という数字は，毎週の売り上げが平均どおりの560であれば不要なのに，各週の販売量に変動があるため，売れすぎて品切れを起こす危険を回避する目的で置かれる在庫であるから，**安全余裕**（あるいは**安全在庫**）と呼ばれる．安全余裕は，通常5%程度の品切れ確率を予想して置くことが多いが，これは，品切れの時のデメリットをよく考えて，適当な確率を想定することが望ましい．

問3.15 今の例では，100という安全余裕は，標準偏差の約2倍であった．もし，品切れ確率を5%とするならば，標準偏差の何倍の安全余裕を置けばよいか．また，1%のときはどうか．

毎週の需要変動が正規分布に従っていると見なされる場合には，その知識を用いて，いま説明したような方法で安全余裕を算出し，それを実際の在庫管理に用いることが出来る．しかし，正規分布に従うとは言えない場合にはどうしたら良いであろうか．たとえ，正規分布ではなくとも，需要の確率分布がはっきりとわかっているときは，上の方法と同様に考えればよい．ただ，確率計算に用いる確率分布を取り替えるだけである．

しかし，一般に，正規分布とは少し違うようだという程度であれば，あるいは，過去のデータが乏しくて分布がどのようなものかわからない場合には，平均値と標準偏差を過去のデータから適当に推測し，それを平均値と標準偏差として正規分布の仮定の下で安全余裕を算出する．そして，しばらくそれで在庫管理を実施しながら，不具合に注意する．あるいはデータを集める余裕があればそれを行って検証する．いずれにせよ，在庫変動に注意するという態度を実行することが大切であろう．

3.6 リードタイム

　ところで,「やすい」のように,毎週納入日が決められている場合でも,急な需要があれば,特別に注文をして緊急に納入を要請するかもしれない.といって,受注側でも都合があるから,電話を貰ったからといって直ぐに納入することは難しいであろう.定期的に納入日が決められていない場合には,なおさら,納入日までの遅れを考慮して早めに発注する必要がある.

　この,注文してから納入されるまでの遅れをリードタイムという.リードタイムを考慮して発注する時点を定めるために,在庫量自体に注目する方法がある.

問3.16　図3.4に基づいて計算したＥＯＱの算出のとき,リードタイムは０と仮定した.つまり,在庫量が０になってから注文すれば,在庫は瞬時にしてＥＯＱの水準に回復する,と仮定していた.もしリードタイムが０でなく,ある正の値を取るならば,何時発注すればよいか,図の上で指摘せよ.そのときの在庫水準の位置に水平な直線を記入せよ.この在庫水準を**発注点**と呼ぶ.

　この方式で在庫管理をする場合,在庫水準に注目していて,それが発注点になったならば発注するという方式を取ればよいことになる.そこで,この在庫管理方式を**発注点方式**という.発注点方式は,発注時点があらかじめ定められていない,という点が最大の特徴であるが,それだけでなく,リードタイムがいくらであるかを常に意識しないで,在庫量だけに注目すれば済むようにした方式で,運用上は優れた方式と言える.ただ,在庫管理に当たっては,リードタイムに対する意識は忘れないようにしたい.

　さて,リードタイムの間にももちろん需要は発生するが,その正確な値は発注時点では不明である.それで,安全余裕を算出する際にも,リードタイムの間の需要変動も忘れずに付け加えておくようにする.

　リードタイムが長ければ長いほど,安全余裕は大きめに持たなくてはならない.逆に言えば,リードタイムを短くすることが出来れば,在庫は減少させることが出来る.安全余裕は需要変動の標準偏差に比例するから,もちろん,需要変動のバラツキが少なくなれば減少する.リードタイムにしても,需要変動のバラツキにしても,それらを減らす第一の要因は情報である.正確な情報が早く伝えられるならば,それを待ってから行動を起こせばよい.もちろん,運搬に必要な時間は情報伝達で減らすわけには行かない.しかし,上乗せの分が少ないだけでも,取り扱いの時間は減少するはずであろう.

　とにかく,あらゆる意味で,正確な情報が在庫の安全余裕を減少させる.また,発注費がほとんど不要であれば,納入は頻繁である方が在庫そのものが減少する.この正確な情報伝達を裏付けとして,在庫を徹底して減らす方式が嘗てもてはやされたジャストインタ

イム（JIT）方式であり，その典型としての**かんばん方式**である．

3.7 在庫モデルとOR

　現実の商店では，なかなか需要変動が押さえきれないこともあり，面倒な在庫管理などしないですませることも多いであろう．そもそも在庫変動費が少ないので，あまり在庫費に関心を払う必要を感じないのかもしれない．一方，大会社の在庫管理は，生産や流通に関わるさまざまな条件が加わって，ここで述べたような単純な方式では十分でないこともふつうであろう．しかし，ここで扱った基本的なモデルは，そのいずれにおいても基本概念として生きている．

　そればかりではなく，納入は倉庫というシステムへの入力であり，販売はそのシステムからの出力であって，倉庫はその間にあって入力と出力とのタイミングのずれを吸収するための緩衝装置である，という認識に立てば，このモデルによって説明される現象は大変に多い．貯水池や石油・ガスのタンク，生産過程での仕掛かり品，契約の終わってまだ着工していない家屋建築，さらには保険の準備金や家計，会社の資金繰りなどもその仲間と見られよう．

　もし，このような緩衝装置が無かったとしたら，入力と出力とのアンバランスは，結果として待ちを生ずる．スーパーマーケットや銀行における行列はわれわれが日常経験する待ちであるが，同種の待ちは，人間が行列を作って待つ場合に限らない．信号待ちの車の列や道路上の車の渋滞も根は同じである．電話交換や情報ネットワークのための回線設計には，どの程度の緩衝装置を考慮しなければならないかといった種類の計算が欠かせない．このように，社会生活を送る上で，出入りのアンバランスを吸収する緩衝装置という概念と，その具体的な設計方法は，実に広範な分野で必要となる．この章で述べた在庫モデルは，それを考えるための一つの基本的なモデルである．

　在庫自体に限っても，このようなモデルをしっかりと設定した上で，納入側が自動的に在庫水準を調べて適切な納入をする例が最近特に増えつつある．

第4章　何をどれだけ作るのがいいか

―生産の計画―

　ここまでに，販売データや商品の在庫などを扱って来た．次はいよいよどの製品をどれだけ作っていくかである．製造部門では，さまざまな原料やエネルギー，生産設備，労働力などをどのように使うかといった生産計画を考えなければならない．

　この章では，そのような計画の問題を考える入り口として，さまざまな原料を混ぜ合わせて製品化する場合の最適な生産計画について考える．

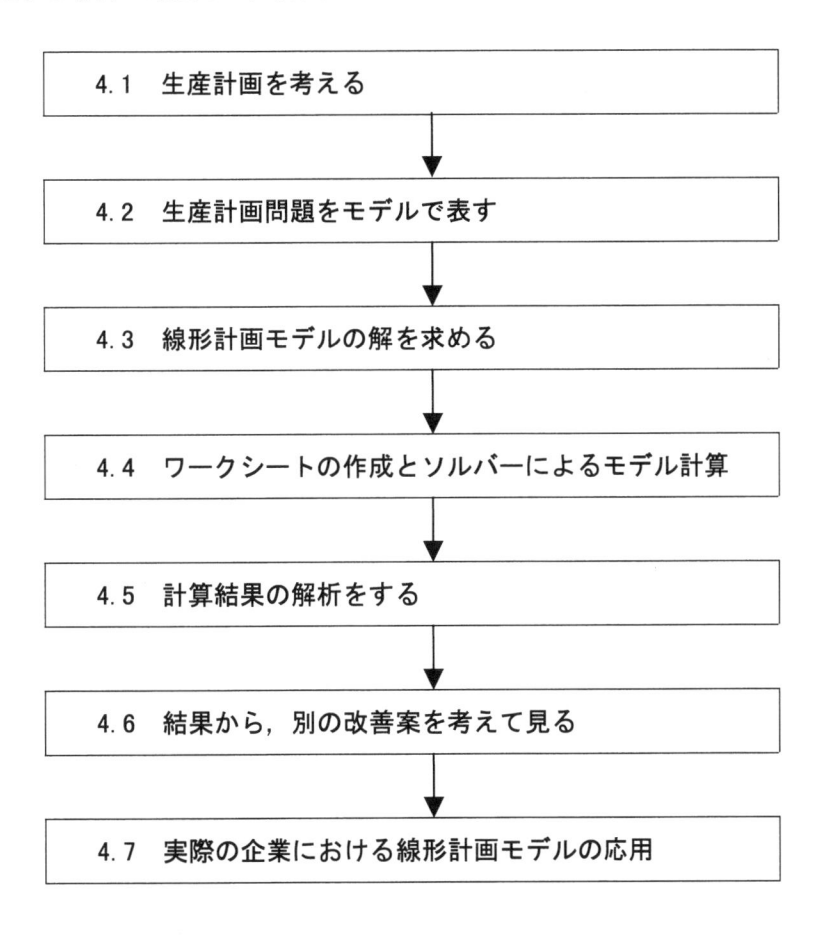

```
┌─────────────────────────────────────────┐
│ 4.1  生産計画を考える                    │
└─────────────────────────────────────────┘
                    ↓
┌─────────────────────────────────────────┐
│ 4.2  生産計画問題をモデルで表す          │
└─────────────────────────────────────────┘
                    ↓
┌─────────────────────────────────────────┐
│ 4.3  線形計画モデルの解を求める          │
└─────────────────────────────────────────┘
                    ↓
┌─────────────────────────────────────────┐
│ 4.4  ワークシートの作成とソルバーによるモデル計算 │
└─────────────────────────────────────────┘
                    ↓
┌─────────────────────────────────────────┐
│ 4.5  計算結果の解析をする                │
└─────────────────────────────────────────┘
                    ↓
┌─────────────────────────────────────────┐
│ 4.6  結果から，別の改善案を考えて見る    │
└─────────────────────────────────────────┘
                    ↓
┌─────────────────────────────────────────┐
│ 4.7  実際の企業における線形計画モデルの応用 │
└─────────────────────────────────────────┘
```

4.1 生産計画を考える

OR社の千葉工場では一つの生産設備で2種類のコーヒー飲料「コーヒーブラック」と「コーヒーミルク」を生産している．原料には2種類のコーヒーエキス，「キリマンジャロエキス」と「コロンビアエキス」を混合して使うが，エキスの供給元であるオーシャンコーヒー社の生産能力によって1ヶ月に使用できる量に制約がある．また，生産に使う混合装置の生産能力の限界から1ヶ月の合計の生産量にも限界がある．販売については売り上げが増加している状況からみて，「作れば売れる」環境にあると考えられる．このような条件の下で，もっとも利益を上げるには「コーヒーブラック」と「コーヒーミルク」をそれぞれどれだけずつ生産するのがよいだろうか．

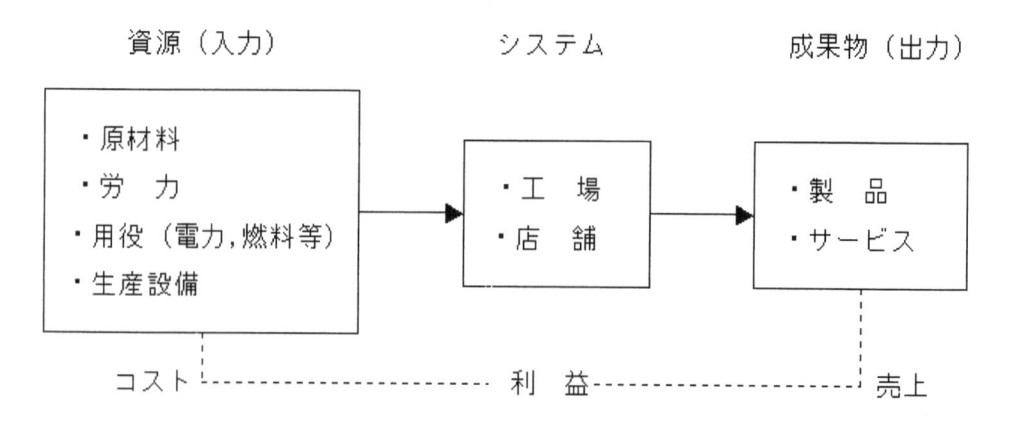

図 4.1 資源の変換システムとしての企業

生産工場は，図4.1のようにさまざまな資源を入力として与えることにより，製品を生み出すシステムとして考えることが出来る．広く考えれば，顧客にサービスを提供したり，製品や人を別の地点に運んだりする企業も，サービスや輸送のための人的資源，エネルギー，設備能力などを入力して，要求されるサービスや仕事の結果を生み出すシステムと言える．

このようなシステムにおいて，経済的に最も望ましい計画を作るとはどういうことを指すのだろうか．一般には，工場において一定の期間に使用することのできる原料の量や生産に使う機械設備などの生産能力，使用する電力などのエネルギー等は，無限に使えるわけではなくある一定の限界がある．収益を追求した計画を立てると言うことは，このように限界のある資源の制約の下で，資源の消費等によって発生するコストと製品の販売等によって得られる収入との差から生じる利益を最大にするように工程の稼働や資源の使用量，製品の生産量を決めてやることであると言える．

このようなシステムの運用や操業の計画を行う問題を解くには，まず原料などの資源の

消費や，加工の各工程の作業と生産の関係を明らかにし，その上で制限量の範囲内で最も経済的にすぐれた計画案を求めなければならない．その方法を考えてみよう．

問4.1 何種類かの原料を混合して生産する製品にはどのようなものがあるか考えよ．そのような製品の生産に当たって制限となる資源にはどのようなものがあるか．

4.2 生産計画問題をモデルで表す

生産計画のような問題については，そのシステムの入力である原料の使用量や生産設備能力と出力である製品の生産量との関係を数式として表さなければならない．また，経済的に最適な計画を作るためには，その目的（利益の最大化とか，コストの最小化とか）を表す関係も式の形で表しておく必要がある．このようにして問題の全体構造を数式の形で表しておけば，その式を使って，さまざまな条件の下でのシステムの行動を検討することが可能となる．このような問題の要素を一群の数式で表したものを**数式モデル**という．

問題の数式モデルを構築するには，まず，問題の要素を数式によって表現をするための一連の作業を順序立てて行っていかなくてはならない．ここでは，初めての人にもわかりやすいやり方として，以下のような手順にそって作業を行う方法を紹介するが，必ずしもこの手順に従わなければならないと言うことではない．しかし，特に初めのうちは，いささか回りくどくても手順を踏む方が混乱や間違いを防げるので結果的には効率的である．

(1) まず問題の構造を確かめ，データをそろえる
　　(ⅰ) 工程の**流れ図**を描く
　　(ⅱ) 流れ図を整理する
　　(ⅲ) 必要なデータの項目を列挙しデータを収集する
　　(ⅳ) データの整理をし，モデルに使えるよう標準化する
(2) 続いてモデルの構造を作る
　　(ⅰ) 結果として求めたい項目（例えば製品の生産量）を変数として名前を付ける．
　　(ⅱ) 計画の評価として最大化（あるいは最小化）したい値（たとえば利益）を表す式を決める（この式を**目的式**と呼ぶ）．
　　(ⅲ) 原料等の供給制約や変数の関係を表す式を決める．（この式を**制約式**と呼ぶ）
(3) Excel での計算の準備をする
　　ここまでは，数式モデルを作る一般的な手順であるが，ここでは，Excel の機能である「ソルバー」を使って解を求めることにするので，そのために以下の準備をする．
　　(ⅰ) 全体をワークシートで表現するための枠を作る
　　(ⅱ) ワークシートにデータ（式の係数値や制約量）を入れる

4.2.1 問題の構造を確かめ,データをそろえる

計画や問題の解決を数理的な方法で行うためには,まず,計画に使用するデータをそろえることから始めなければならない.しかし,データを集める前に問題の構造と問題の状況を把握し,どのようなデータが必要かを考えねばならない.そのための手がかりとして,特に生産などの工程に関わる問題の場合には,対象とする工程の流れ図を書いてみるとよい.**流れ図**とは一連の仕事の工程を単位ごとの要素に分けて矢印で結ぶことでその関係を図に表したもので,一般には左からあるいは上から始まって右向きあるいは下向きに一連の仕事が流れるように表現する.ＯＲ社千葉工場のコーヒー生産工程の流れ図を書いてみよう.

(1) 工程の流れ図

工程の流れ図を書くには,一つの作業,工程あるいは装置を一つの単位工程として,それへの入力と出力を定義し,それをつなぎ合わせてゆくのがよい.図4.2に,問題の工程の流れ図を示す.図からモデルに取り上げるデータと結果として求めたい変数を確かめよう.

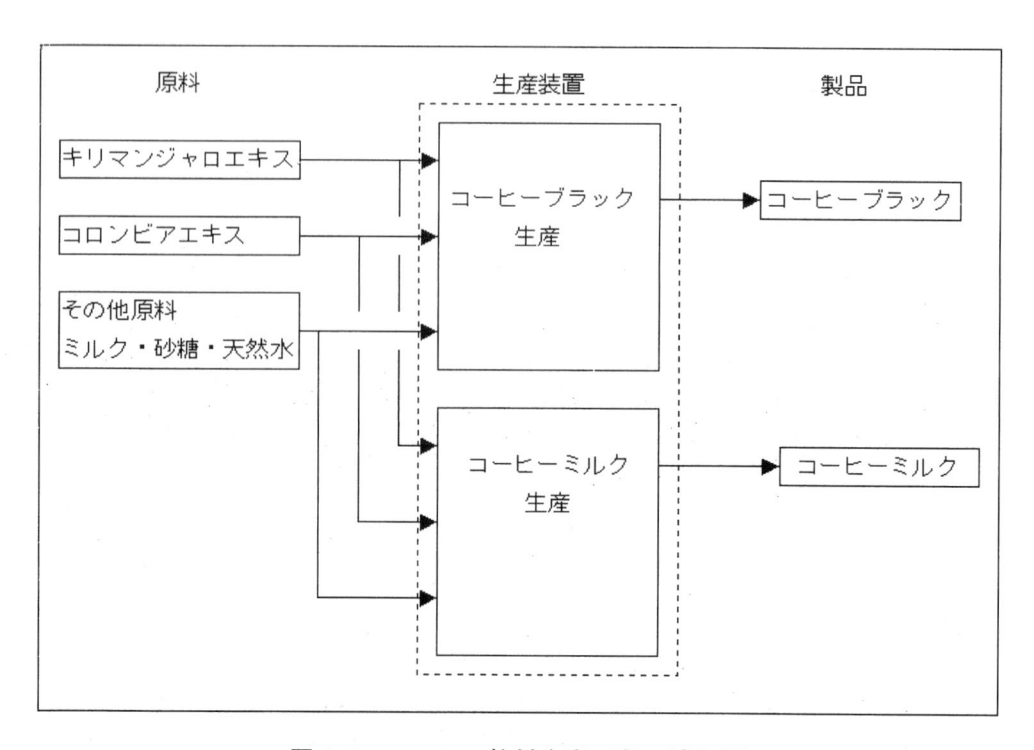

図4.2 コーヒー飲料生産工程の流れ図

原料としてコーヒー飲料の生産にはコーヒーエキスの他にミルク，砂糖，天然水が必要だが，これらは数量的に制限がないので制約として考える必要はない．しかし，原料のコストには含めておく必要がある．

製品の生産は原料を生産標準で定められた比率に従って混合装置に入れることによって行われる．この流れ図では一つの装置を使う二つの製品の製造をそれぞれ別に定義していることに注意してほしい．この問題では先に述べたように作れば売れる状況であるので，生産量と販売量は等しく，この生産量が求めたい変数となる．

(2)データの整理

流れ図に沿って問題の**制約条件**と計算に使用するデータをまとめてみよう．この問題においてあらかじめ条件が与えられるのは下記の項目である．

(i)原料の制約：各混合原料の月間最大使用可能量

　　　　キリマンジャロエキス：50トン／月以下

　　　　コロンビアエキス　　：40トン／月以下

　　　　ミルク，砂糖，天然水には使用量の制限はない．

(ii)生産装置の制約：混合設備の月間最大稼動能力，最大500トン／月

(iii)原料の価格：表4.1参照

(iv)各原料の混合比率：表4.1参照

(v)各製品の販売価格：200円／kg

これらの条件と，それらから計算した生産コストと各製品の利益単価を表にまとめたものが下の表4.1である．

表4.1　生産計画問題の制約条件データ

	制限量(i,ii)	単価(iii)	コーヒーブラック 混合比(iv)	コーヒーミルク 混合比(iv)
	(トン／月)	(円／kg)	(kg/kg)	(kg/kg)
キリマンジャロエキス	50	400	0.15	0.05
コロンビアエキス	40	400	0.05	0.1
			コスト／売価／利益	
			(円／kg)	(円／kg)
コーヒーエキスコスト			80	60
その他原料コスト(*)			20	30
その他生産コスト(**)			50	50
(生産コスト計)			(150)	(140)
販売価格(v)			200	200
利益額			50	60
生産装置能力	500			

*)ミルク，砂糖，天然水のコスト，**)缶，装置運転コスト，充填コスト，梱包コスト等

コーヒーエキス以外の原料として，ミルク，甘味料，天然水を使用するが，これらについては数量に制限がないので制約としては考えず，原料のコストに含めておくだけにする．

表の上では原料の混合比や単価は kg と円単位であるが，原料と装置の制限量がトン単位であるので，以下の式と計算においては1000倍したトンと1000円を単位として使用する．

コーヒーブラックとコーヒーミルクの生産量（この問題では＝販売量）の変数名をそれぞれ BC（トン），MC（トン）とする．この計画の目的は利益を出来るだけ大きくするというものであったが，この利益の総額は2つの製品の販売量（＝生産量）にそれぞれの単位あたりの利益をかけたものの総和となる．表4.1の数値からそれぞれの製品の生産による利益単価はそれぞれトンあたり50千円と60千円であることがわかる．この利益を Z とおいて，BC と MC であらわすと下記の式(4.1)となる．

$$Z = 50BC + 60MC \tag{4.1}$$

与えられた制約の中でこの式の値を出来るだけ大きくするような BC と MC の値，すなわち利益が最大となるような各製品の生産量を求めるのがこの問題の目的と言える．先にものべたが問題の目的を示すこのような式を**目的式**という（目的関数と呼ぶことも多い）．

4.2.2 モデルの構造を作る

このモデルにおいては，結果として数値を求めたい項目は先に示した目的式の変数である各製品の生産量，すなわち BC と MC であるので，各原料の制約をこの変数を使って表すことを考えよう．まずキリマンジャロエキスは月に50トンしか使えないから，

$$0.15BC + 0.05MC \leq 50 \tag{4.2}$$

となる．同様にコロンビアエキスについては

$$0.05BC + 0.10MC \leq 40 \tag{4.3}$$

となる．さらに，生産設備の能力にも制約があるので，

$$BC + MC \leq 500 \tag{4.4}$$

でなければならない．

変数は生産量（＝販売量）であるからマイナスの値は取れない．そこで下記の条件も必要である．

$$BC, MC \geq 0 \tag{4.5}$$

結局の所，この問題は(4.2)～(4.4)の制約式と(4.5)の条件（**非負条件**という）の下で(4.1)の目的式の値を最大にするような変数 BC と MC の値を求める問題と言い換えられる．

上に書いた(4.1)～(4.5)の式は全て1次式（**線形式**）であり，1次式は直線の関係を表している．このような，一組の1次制約式の下で1次関数の目的式の値を最大化，あるいは最小化するような変数の値を求めるモデルを**線形計画モデル**と呼び，そのモデルを使って条件にあった解（**最適解**と呼ぶ）を求める方法を**線形計画法**(Linear Programming:LP)

4.3 線形計画モデルの解を求める

問題の線形計画モデルの式を作り上げたところで，どのようにしたらこの問題の解を求めることが出来るか考えて見よう．後で述べるように，ソルバーなどのコンピュータ・ソフトウエアによって解を求めることは簡単に出来るが，ここでは，まず，コンピュータを使う前に，例題に上げた単純なモデルをグラフを使って解いてみる．これによって線形計画モデルの原理を理解しよう．

グラフ化の準備のために各式の係数がわかりやすい整数値になるように変形しておく．

$$0.15BC + 0.05MC \leq 50 \tag{4.2}$$

これを変形して次のように表す．

$$3BC + MC \leq 1000 \tag{4.2'}$$

(4.3)式については

$$0.05BC + 0.10MC \leq 40 \tag{4.3}$$

を変形して次のように表す．

$$BC + 2MC \leq 800 \tag{4.3'}$$

(4.4)，(4.5)式はそのままでよい．

$$BC + MC \leq 500 \tag{4.4}$$

$$BC, MC \geq 0 \tag{4.5}$$

この条件の範囲内で目的式

$$Z = 50BC + 60MC \tag{4.1}$$

が最大となる BC, MC の値を求めればよい．

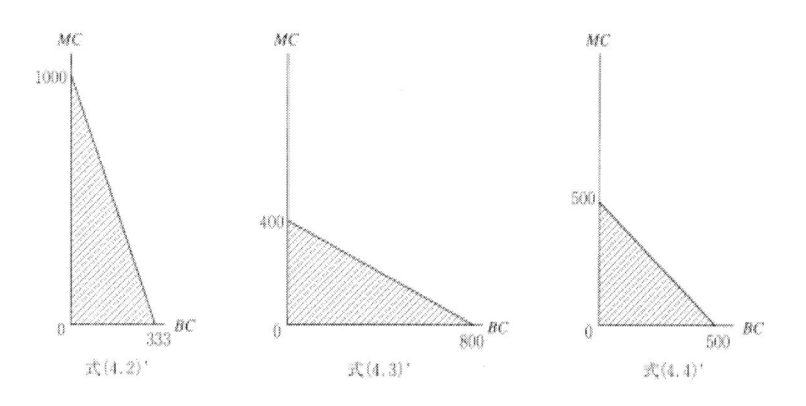

図4.3 制約条件式のグラフ

これらの式が意味するところを考えてみよう．それぞれの不等式を満たす BC, MC の存在する範囲は図4.3の斜線の部分である．

したがって，これら3つの条件の全てを満足する範囲は図4.4の斜線の範囲となる．この斜線の範囲に含まれるすべての BC と MC の数値の中で目的式の値を最も大きくすることの出来るものを見つければ，それが答ということになる．

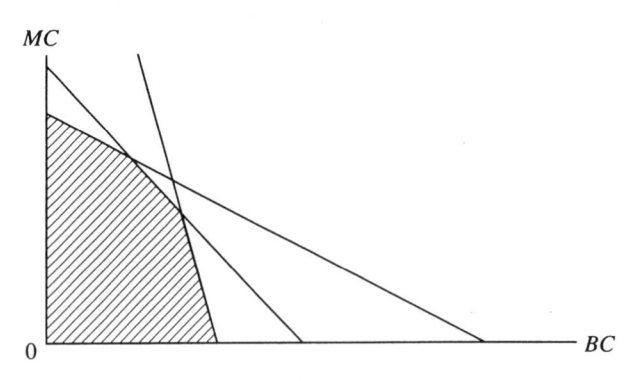

図4.4 全ての制約条件を満足する範囲

この図の上で，目的式はどのように表されるか考えてみよう．目的式の式は

$$Z = 50BC + 60MC \tag{4.1}$$

であるから，これを変形すると，

$$MC = Z/60 - (50/60)BC \tag{4.1'}$$

となる．これは切片の大きさが $Z/60$，勾配が50/60の直線で，Z が大きくなるほど，つまり目的式の値が増加するほど上の方に移動することがわかる．

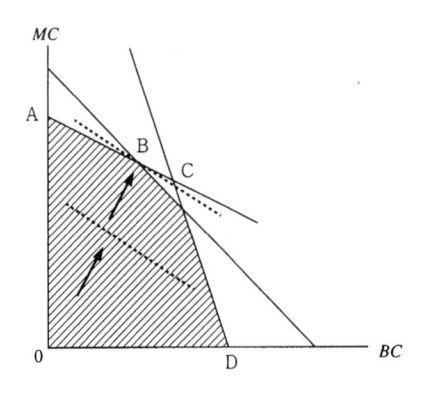

図4.5 グラフによる線形計画モデルの解

第4章 何をどれだけ作るのがいいか

この直線が先に述べた制約条件の範囲内にあって，しかも一番高い位置になるのは，図4.5のB点においてであることがわかる．このB点の座標，$BC=200$，$MC=300$が目的式の値が最大でかつ全ての制約条件を満足している変数の値であり，求めている解である．このときの目的式の値は，$50\times200+60\times300=28000$となる．なお，B点の座標は次の連立1次方程式の解として求められる．

$$BC+2MC = 800 \qquad (4.6)$$
$$BC+MC = 500 \qquad (4.7)$$

計算の目的に最も適合したこのような変数値をあたえる解（この問題の場合は目的式の値を最大にする解）を**最適解**という．

問4.2 目的式が $Z=60BC+50MC$ であったら，最適解はどうなるか．

この線形計画モデルでは変数の数が2つしかなかったのでグラフを用いて解くことが出来た．一般に使われているモデルでは変数の数が数十から数万と非常に多いのでこのように2次元のグラフで表現することは不可能である．しかし，ここで示したグラフによる最適解の求め方から，線形計画モデルの最適解は制約式を満たす解の存在する範囲の頂点のどこかにあり，目的式の値を最大あるいは最小にする変数値を与える頂点を見つけだすことがモデルを解くことになる，ということが直感的に感じられよう．ここでは線形計画モデルの最適解の計算による求め方については説明しないが，それはこのような頂点を数理的に見つける方法であると理解しておけばよい．線形計画モデルを解くためのソフトウエアでは，最適な頂点を効率よく見つけるためにさまざまな計算方法の工夫がこらされている．

4.4 ワークシートの作成とソルバーによるモデル計算

パソコンを使って線形計画モデルの解を求めるには，市販されている線形計画法のソフトウエアを用いることができる．たくさんの変数や制約式をもった非常に大きなモデルも効率的に解くことが可能である．本書では，一番簡便な方法として，Excelのアドイン機能である「ソルバー」を使用する方法を説明する．ソルバーはExcelのパッケージには含まれているが，標準的なインストールではアドインされないので，インストールするときに意識的にアドインするか，後でアドインすることが必要である．（アドインの方法は62ページの注参照）

4.4.1 ワークシートの作成

ソルバーを用いるには，モデルの目的式と制約式の係数と制限量（制約量）を図4.6に示すようにExcelのワークシート上に表の形で表現しなければならない．この場合，各変

数や制限量を列として定義し，それぞれの式の係数を行要素として表を作成する．式や変数等の順序に特別の制限はないが，変数解の入る行を数値部分の1番上の行にし，制限量の値を入れる列を1番左に，計算された各式の合計値を次の列に入れるようにすると，後でモデルを拡張したいときに，ワークシートに新しい変数や要素を付け加えても，全体の変更を最低にとどめることが出来るという利点がある．

　ワークシート上の変数名のすぐ下のセル（この例の場合は D3 と E3）は変数の取る数値が入る場所と定めることにし（後で述べるソルバーの画面で定義する），図のようにその下の行に目的式の係数の値，その下に各制約式の係数を入れたワークシートを作成する．制限量の列（この例ではBの列）には各制約式の制限量の値を入れる．

　次に，目的式の数値（この問題では利益の総額：Z）が入るセル（この例では B3）を決める．図では変数解の行と制限量の列の交点としているが，このセルには目的式の計算式として各変数の値と目的式の係数（この問題の場合は製品単位あたりの利益）の積の総和が入る．すなわちこの場合には(=D3*D4+E3*E4)となる．

　次に，各制約式の行の計算値の列のセルに制約条件の式を入力する．すなわち各セルには変数の値のセルと制約式の係数との積の和を入れる．例えば，この例では C5 のセルに(=D3*D5+E3*E5)が入る．こうしておくと，各制約式は制限量の列のセルと計算値の列のセルの値の関係として表現できることになる．

	A	B	C	D	E
1	制約	制限量	計算値	ブラック	ミルク
2				BC	MC
3	変数解	0		0	0
4	目的関数			50	60
5	キリマン	50	0	0.15	0.05
6	コロンビア	40	0	0.05	0.10
7	装置	500	0	1.00	1.00
8					

図4.6 モデルのワークシート入力

　ここまで準備が出来たらメニューバーの[ツール(T)]のプルダウン・メニューから[ソルバー(V)]を選択して**[ソルバーパラメーター設定]**のダイアログ画面(図4.7)を呼び出す．

ソルバー入力のダイアログ画面において，[**目的セル(E)**]には目的式の値が入るセルの番地($B$3)を入れ，計算の目的に応じて，この問題のように目標値を最大化させたい場合には[目標値]の[最大値(M)]を選択しておく．次章に述べる輸送問題のようにコストを最小化した解を求めたい場合には[最小値(N)]を選択することになる．[**変化させるセル(B)**]には変数の値が入るセル($D$3:$E$3)を定義する．最後に[**制約条件(U)**]の設定を[追加(A)]のボタンを使って行う．制約条件のダイアログでは[**セル参照(R)**]には各列の計算値のセル番地を入れ，[制約条件(C)]には制限量の列のセル番地を入れる．[セル参照(R)]と[制約条件(U)]の間の不等号の向きを変えたり等号にしたいときは，テーブルから選択して変えればよい．このテーブルでは≦は＜＝，≧は＞＝と表現されている．

	B3		=	=D4*D3+E4*E3	
	A	B	C	D	E
1	制約	制限量	計算値	ブラック	ミルク
2				BC	MC
3	変数解	0		0	0
4	目的関数			50	60
5	キリマン	50	0	0.15	0.05
6	コロンビア	40	0	0.05	0.10
7	装置	500	0	1.00	1.00

ソルバー：パラメータ設定

目的セル(E)： $E$3

目標値： ●最大値(M)　○最小値(N)　○値(V)： 0

変化させるセル(B)：
$D$3:$E$3

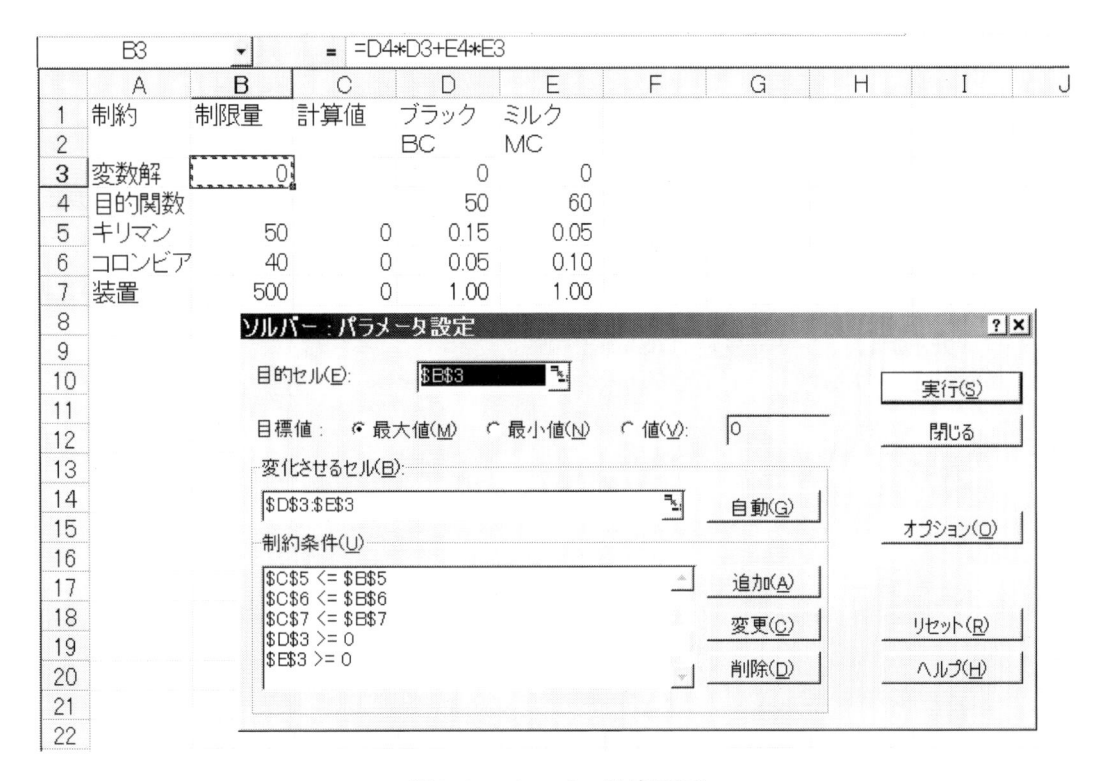

制約条件(U)：
$C$5 <= $B$5
$C$6 <= $B$6
$C$7 <= $B$7
$D$3 >= 0
$E$3 >= 0

図4.7　ソルバー設定画面

この例では制約条件の式を一つずつ($C$5<=$B$5のように)設定しているが，不等号の向きが同じなら一括して($C$5:$C$7<=$B$5:$B$7のように)設定しても差し支えない．先に述べた変数の非負条件も忘れずに制約条件として入力しておく．最後にソルバーのダイアログに戻ったら[オプション(O)]のボタンでオプションダイアログを呼び出し，その中の[線形モデルで計算(M)]を選択しておく．

4.4.2 モデルの計算をする

ここまでの準備が出来たら，ソルバーのダイアログの[実行(S)]ボタンを押せば，最適化の計算が自動的に行われる．解（最適解）が見つかると図4.8ように元のワークシートに計算の結果が出力される．

制約	制限量	計算値	ブラック BC	ミルク MC
変数解	28000		200	300
目的関数			50	60
キリマン	50	45	0.15	0.05
コロンビア	40	40	0.05	0.10
装置	500	500	1.00	1.00

図4.8 計算結果の最適解

さらに[ソルバー探査結果]のダイアログが開いて「最適解が見つかりました」と表示される．解の記入(K)とレポート選択(R)を聞く欄があるので，解の記入と**[解答レポート]**と

Microsoft Excel 9.0 解答レポート
ワークシート名：[コーヒー生産.xls]Sheet1
レポート作成日：

目的セル（最大値）

セル	名前	計算前の値	セルの値
$B$3	変数解 制限量	0	28000

変化させるセル

セル	名前	計算前の値	セルの値
$D$3	変数解 BC	0	200
$E$3	変数解 MC	0	300

制約条件

セル	名前	セルの値	制約条件	ステータス	条件との差
$C$5	キリマン 計算値	45	$C$5<=$B$5	部分的に満たす	5
$C$6	コロンビア 計算値	40	$C$6<=$B$6	満たす	0
$C$7	装置 計算値	500	$C$7<=$B$7	満たす	0
$D$3	変数解 BC	200	$D$3>=0	部分的に満たす	200
$E$3	変数解 MC	300	$E$3>=0	部分的に満たす	300

Microsoft Excel 9.0 感度レポート
ワークシート名：[コーヒー生産.xls]Sheet1
レポート作成日：

変化させるセル

セル	名前	計算値	限界コスト	目的セル係数	許容範囲内増加	許容範囲内減少
$D$3	変数解 BC	200	0	50	10	20
$E$3	変数解 MC	300	0	60	40	10

制約条件

セル	名前	計算値	潜在価格	制約条件右辺	許容範囲内増加	許容範囲内減少
$C$5	キリマン 計算値	45	0	50	1E+30	5
$C$6	コロンビア 計算値	40	200	40	10	2.5
$C$7	装置 計算値	500	40	500	20	100

図4.9 解答レポートと感度レポート

[感度レポート]を選択し出力させておく．この問題において，もっとも利益が大きくなる最適な生産はコーヒーブラック200トン，コーヒーミルク300トンを生産する場合で，その時の利益は28000すなわち2800万円であることがわかる．

4.5 計算結果の解析をする

図4.8の計算結果のワークシートで制限量と計算値を比較すると，原料のキリマンジャロエキスは50トンの制約に対して使用量は45トンで余裕があるが，コロンビアエキスの方は40トンの制約量を目一杯使っていることがわかる．また，生産設備の能力も使いきっていることがわかる．

問4.3 計算から得られた解が図4.5のグラフのどこにあたるかを示せ．このとき，原料の制限量に余裕のあるキリマンジャロエキスの制約式のグラフがどこにあるかを確かめよ．キリマンジャロエキスの制限量が45トン／月であったらこのグラフはどのようになるか検討せよ．

このように，資源を使い切っている場合には，余裕のない資源がさらに供給可能であればさらに利益の増加が期待できるのではないかと予想される．その場合，どの制約を緩和するとどのくらいの効果が期待できるかを知るには，図4.9の感度レポートの[制約条件]表の[**潜在価格**]の欄を見ると良い．

潜在価格（**シャドウプライス**）とはその制約条件1単位が最適解の状況において持って

いる価値，言い換えるとその制約条件を1単位ゆるめたときの目的式の値への影響を表している．この問題においては図に示すようにコロンビアエキスの制約が1単位あたり200の潜在価格を持っていることがわかる．すなわち，この例題ではコロンビアエキスの量によって収益が押さえられていて，コロンビアエキスをもっと多く購入できれば，収益増が期待できることを示している．同じ感度レポートの［変化させるセル］（つまり変数）における［限界コスト］はこの問題では0になっているが，この意味については次章で説明する．

問4.4 図4.8および図4.9の解において，他にゆるめると効果のある制約はあるか．あったとしたら，それは具体的には何を意味しているか．

問4.5 制約をゆるめる，すなわち制限量を増加させ使用可能量を増やすということは，図4.5のグラフではどのような変化を与えることになるか検討せよ．

4.6　結果から，別の改善案を考えて見る

　上の解析結果から，ＯＲ社の生産計画担当者は原料調達部門にコロンビアエキスの増量を依頼することにした．依頼にあたって増量の経済的な効果を示す必要から，仮にもう5トンの増量が可能だったら，どの程度の収入増が期待できるかを見るため，コロンビアエキスの購入制約量を40トンから45トンに増量したケースを計算してみることにした．
　図4.10がその結果である．

制約	制限量	計算値	ブラック BC	ミルク MC
変数解	29000		100	400
目的関数			50	60
キリマン	50	35	0.15	0.05
コロンビア	45	45	0.05	0.10
装置	500	500	1.00	1.00

図4.10　コロンビアエキス増量ケースの最適解

　この結果によれば目的式の値は当初の28000（2800万円）から29000（2900万円）に1000（100万円）増加している．この増加はコロンビアエキスの増加分5と潜在価格の200の積にあたる．感度レポートを調べるとコロンビアエキスの潜在価格は依然200であり，さらに増量すればより大きな利益が期待できることが考えられる．
　交渉の結果，コロンビアエキスは月間60トンまで増量が可能なことがわかった．そこで，

コロンビアエキスの購入可能量を60トンに増加させたケースを計算してみた．その結果が図4.11である．

制約	制限量	計算値	ブラック BC	ミルク MC
変数解	30000		0	500
目的関数			50	60
キリマン	50	25	0.15	0.05
コロンビア	60	50	0.05	0.10
装置	500	500	1.00	1.00

図4.11 コロンビアエキス60トン/月のケースの解

　計算の結果をみると，目的式の値は増加するが，最適解ではコーヒーブラックの生産をやめてしまっていることがわかる．また，結果としての目的式の増加はコロンビアエキスの増加分20と潜在価格の200の積である4000ではなく，2000にとどまっている．この結果は，実は元々の計算結果の感度レポートからある程度予測できることであった．図4.9の感度レポートにおける制約条件の［許容範囲内増加］の欄を見ると，コロンビアエキスのところの数値は10となっている．これは，10の増加までは，元とかわらない変数が数値を取りそこまでは潜在価格の値が有効であることを表している．それ以上の増加については解の構造がこの段階ではどうなるかわからないことを示している．

問4.6 コロンビアエキスの購入可能量の増加が10（制約量は50になる）であれば，目的式の値の増加は10×200=2000になることをソルバーで計算して確かめよ．

問4.7 図4.5のグラフを使ってこれ以上コロンビアエキスを増加させても目的式が増加しないことを確かめよ．

Microsoft Excel 9.0 感度レポート
ワークシート名：[コーヒー生産.xls]Sheet1
レポート作成日：

変化させるセル

セル	名前	計算値	限界コスト	目的セル係数	許容範囲内増加	許容範囲内減少
$D$3	変数解 BC	0	(10)	50	10	1E+30
$E$3	変数解 MC	500	0	60	1E+30	10

制約条件

セル	名前	計算値	潜在価格	制約条件右辺	許容範囲内増加	許容範囲内減少
$C$5	キリマン 計算値	25	0	50	1E+30	25
$C$6	コロンビア 計算値	50	0	60	1E+30	10
$C$7	装置 計算値	500	60	500	100	500

図4.12　コロンビアエキス60トン／月のケースの感度レポート

そこで，生産計画担当はコロンビアエキスの増量が可能となった時に，最適解ではブラックの生産がなくなってしまうのは，どこに制約が生じることによるものなのか，さらに収入を増やすにはどうすればよいかを検討することとした．

図4.12はコロンビアエキスを増量したケースの感度レポートである．これからコロンビアエキスを増量した上で装置の制約をゆるめられればさらなる収益増が期待できることが分かる．費用はかかるが改造によって装置の能力を500トンから700トンまで増加させることが出来ることがわかっていたので，その効果を調べて，それによって改造のコスト2億円を短期間に回収できれば装置改造を同時に行うこととしたいと考え，その計算を行うことにした．感度レポートから，200トンの能力増は潜在価格での予測の範囲を越えていて，元になるケースでは生産されていないブラックの生産によるより大きな経済効果が期待できると考えたので，手計算ではなく線形計画モデルの計算を行うこととしたのである．

最終的な計算の結果は図4.13のようになった．装置増強の経済的な効果，すなわち限界利益の増加は3920万円－3000万円＝920万円（1ヶ月あたり）であり，極めて短期間で投資の回収が可能なことがわかった．原料は全て使い切っているが，装置の能力はまだ余裕があることもわかった．このような投資効果の分析はより正確には回収期間や内部利益率の計算を行う必要があるが，これについて第9章で解説する．このケースの場合，利益の増加額が装置の増加量に潜在価格をかけたものより小さいのは，装置増加の途中で原料の制限量の方に制約が移ったために潜在価格の体系が途中で変化したことを示している．こ

の例のような単純なモデルでもこのように複雑な変化をおこすことがわかるが，単純な手計算からではわからないこのような変化がとらえられるのは，線形計画モデルで計算を行ったからに他ならない．

この例のように，線形計画モデルを利用することによってさまざまなケースを想定したケース・スタディーを容易に行うことが可能である．あらかじめ，さまざまな計算前提の条件，例えば，原料の使用可能量，装置の能力，操業のコスト，原料の混合比率などについての代替案を想定しておいて，それらの組み合わせによるケースを計算することによって，単一の最適解だけからでは得られないさまざまな情報を得て経営に生かすことが可能となる．

制約	制限量	計算値	ブラック BC	ミルク MC
変数解	39200		160	520
目的関数			50	60
キリマン	50	50	0.15	0.05
コロンビア	60	60	0.05	0.10
装置	700	680	1.00	1.00

図4.13 装置能力増強ケースの最適解

問4.8 身近かな製品を取り上げて，変数が2，3個程度の簡単な線形計画モデルを作って見よ．

問4.9 線形計画モデルの応用としてどのようなものが考えられるか．特に社会的な広がりを持った問題について考えよ．

4.7　実際の企業における線形計画モデルの応用

この章では，いろいろな制約の下で何をどれだけ作るのがよいかという製造の問題を線形計画法で考えることを扱って来た．これと同様に考えることのできる問題は，さまざまな資源（人，設備，資料，情報など）を使ってサービスを提供する企業や公共サービスの場にも数多くあり，線形計画モデルの利用が有効な場合も多い．

線形計画モデルの特徴の一つは，モデルの基本的な構造や構築の方法，使い方は，どんな大きいモデルでも小さいモデルと基本的には同じと考えることができる点である．したがって，後の章に出てくるモデルの例も含めて，小さなモデルの構築の方法がわかれば広く応用が可能である．このようなモデルの構築のしやすさやいろいろなケースについて計算できることの容易さによって，線形計画モデルは下記に示すようなさまざまな産業分野で幅広く応用されている．

・公共事業や運輸業に関する問題：
    ゴミ回収車の配置・運行計画，配電網運用計画，ガス配管計画，
    通信ネットワーク計画，航空機の運行計画，倉庫立地計画，など
・製造業や食品産業の操業計画等に関する問題：
    ビール・清涼飲料の配送計画，各種飲料などの混合問題，
    製油所操業計画，鉄鋼業の製鉄所操業計画，セメント業の操業・
    配送計画，石油化学工場のエネルギー計画，上記各産業の設備計画，など
・農水産業に関する問題：
    家畜の飼料の配合問題，農作物播種・栽培計画，水産加工場計画，など
・金融等に関する問題：
    金融商品企画，利回り・危険配分を考慮した財務投資先選択，など

　この章では，いろいろな制約の下で何をどれだけ作るのがよいかという製造の問題を線形計画モデルで考えることを扱って来た．これを同様に考えることのできる問題はさまざまな資源（人，設備，資金，情報など）を使ってサービスを提供する企業や公共サービスの場にも数多くあり，線形計画モデルの利用が有効な場合も多い．

　線形計画モデルの発展型の一つに，変数として整数値を扱う整数計画モデルがある．これについては第6章でふれるが，このモデルは，病院の看護婦や，警察官，飛行機のパイロットなどの人員配置や，輸送車両，貨物船，生産機械などの機材の配置問題，車両数や運搬物など変数値が整数でなければならない輸送問題などに広く使われている．

　実際の企業で使用されている線形計画モデルの大きさは，変数の数で1000以上のものはごく普通で，特にモデルが大型化する輸送型のモデルについては，数万から数十万の変数になることもある．国際的な航空会社においては，最適な運行計画のために日常的に大型モデルを使用している．しかし一方では，この章や後の第5，6章で示すような小さなモ

（注）　ソルバーをアドインする方法

1　メニューバーの［ツール(T)］をプルダウンし，［アドイン(I)］のダイアログを開く．
2　ダイアログの［ソルバーアドイン］のボックスをクリックしてチェックマークを入れる．
3　［ＯＫ］をおすと，インストールするかどうか聞いてくるので［はい］を選択する．
4　MS Office あるいは Excel のＣＤ－ＲＯＭを要求してくる．
5　ＣＤ－ＲＯＭをドライブに入れて［ＯＫ］を押す．
6　自動的にインストールされる．終了のメッセージは出ない．
7　終わったら［ツール(T)］のプルダウンに［ソルバー(V)］が入っているのを確かめる．

でも十分に実用価値がある問題も多く，多方面で利用されている．

　大型のモデルを解くためには，使用するコンピュータプログラムも，解くための数理的な方法もさまざまなものが開発されている．最近では，一般的なパーソナル・コンピュータでも数千式のモデルが解けるソフトウエアが何種類も市販されているが，このことは，取りも直さず線形計画モデルが広く使われていることの証明でもある．

[本書11刷に際して]

●本書のExcelはExcel2003に基づいています．Excel2007とExcel2010のソルバーについては下記の日本評論社のホームページから補足資料をダウンロードしてご参照ください．
http://www.nippyo.co.jp/download/

第5章 製品はどこから運ぶか

―輸送の計画―

　どのような製品も，生産されたところから消費者まで運ばれ，はじめて商品としての価値が生ずるものだといえる．そのためには，工場や生産現場から最終的な消費者に至るまでさまざまな施設や径路を通って需要家に届けられることになる．このような製品(物)の流れ(物流)にかかる費用が物流費用であり，その中で重要なのが第3章で学んだ在庫の費用と製品を運搬するための輸送費用である．特にOR社のように複数の工場(倉庫)と複数の営業所を持っている場合には，各営業所の顧客の需要に合わせた製品の輸送を最も効率的に，最少の費用で行うには，どこからどのように製品を運ぶかという輸送計画をうまく作成することが極めて大切である．本章ではこのような輸送の問題を第4章で学んだ線形計画問題の応用として解決する方法を学ぶ．

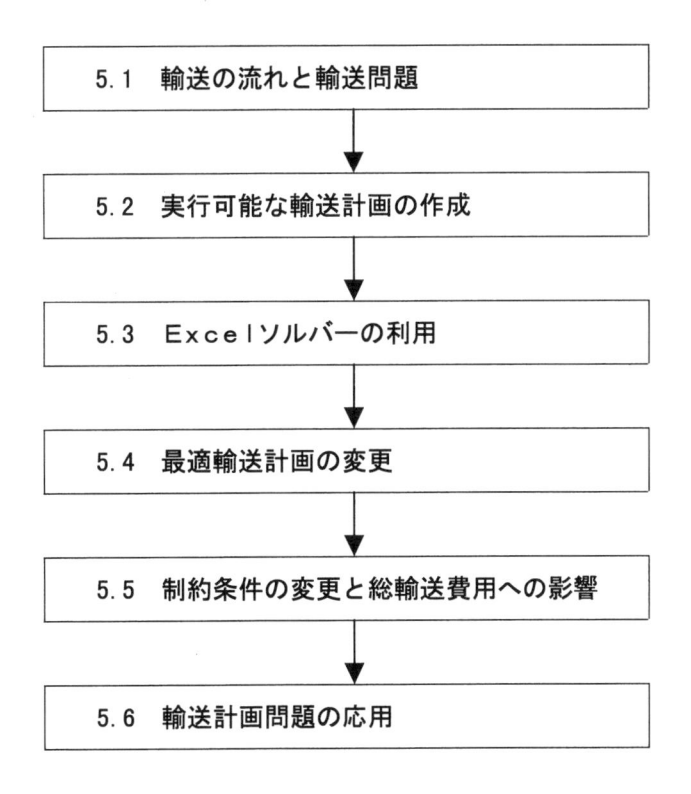

- 5.1 輸送の流れと輸送問題
- 5.2 実行可能な輸送計画の作成
- 5.3 Excelソルバーの利用
- 5.4 最適輸送計画の変更
- 5.5 制約条件の変更と総輸送費用への影響
- 5.6 輸送計画問題の応用

5.1 輸送の流れと輸送問題

関東地区内のOR社製品の輸送は，図5.1のように，地区内にある3ヶ所の倉庫から，5都市の営業所へ製品輸送を行い，各営業所から圏内の顧客へ製品を配送する流れとなっている．

```
倉庫1（神奈川）○        ○営業所1（東京）
                        ○営業所2（千葉）
倉庫2（茨城）  ○   →    ○営業所3（茨城）
              （輸送）   ○営業所4（神奈川）
倉庫3（千葉）  ○        ○営業所5（埼玉）
```

図5.1　OR社製品の輸送の流れ

OR社では倉庫，営業所間の製品輸送を効率的に，最小の輸送費用で営業所の需要量を満たすために，3ヶ所の倉庫から5都市の営業所へ製品をどのように送ればよいかという製品輸送の問題（以下輸送問題という）の検討を行っている．このような輸送問題について考えてみよう．

5.1.1 必要なデータを集める

輸送問題を検討するために，まず基本となるデータの収集を行う．倉庫，営業所間の製品輸送は，OR社の製品が詰め合わされた千ケース入コンテナを単位として行われており，データの収集と整理もこの千ケース入コンテナ（以下ではコンテナという）を単位として行った．

(1)検討する期における営業所の来期の需要量は表5.1に，倉庫の供給可能量（以下では供給量という）は表5.2に示してある．

表5.1　営業所の需要量(単位：コンテナ)

営業所	営業所1	営業所2	営業所3	営業所4	営業所5
需要量	100	60	40	75	25

表5.2　倉庫の供給量(単位：コンテナ)

倉庫	倉庫1	倉庫2	倉庫3
供給量	120	125	75

(2) 倉庫から営業所間の製品の輸送費用は，調査の結果，輸送する製品の量，すなわち輸送量に比例するものと仮定出来ることが判った．倉庫から営業所への各輸送ルートの製品千ケース当りの輸送費用，すなわち輸送単価(単位：万円/コンテナ)は表5.3の通りである．

表5.3 倉庫，営業所間の輸送単価

	営業所1	営業所2	営業所3	営業所4	営業所5
倉庫1	4	3	4	5	2
倉庫2	5	2	3	5	3
倉庫3	2	1	6	4	3

(ワルター．W.ガービン(関根智明訳)(1966)より)

この輸送問題は「最小の輸送費用で，営業所の需要を満たすために，どの倉庫からどの営業所に製品をどのように送ればよいかという輸送計画を決定する問題」と考えることができる．

OR社の輸送問題について，表5.1～表5.3で与えられたデータを使い，輸送問題の目標に沿った輸送計画を，次の問5.1で各自が工夫をして作成しよう．これにより輸送問題の性質，制約や総輸送費用の求め方などについて理解を深めてほしい．

問5.1 表5.4のワークシートを使ってOR社の輸送計画を作成し，倉庫，営業所間の製品の輸送量を，表5.4輸送計画作成用ワークシート(2)に記入，このワークシートを用いて，作成した輸送計画の次の値を求めよ．
(1) 総ての営業所の入荷量．
(2) 総ての倉庫の出荷量．
(3) 倉庫，営業所間の各ルートの輸送費用．
(4) 総輸送費用．

表5.4 輸送計画作成用ワークシート

(1) 必要なデータ (各ルートの輸送単価，各営業所の需要量，各倉庫の供給量)

	営業所1	営業所2	営業所3	営業所4	営業所5	供給量
倉庫1	4	3	4	5	2	120
倉庫2	5	2	3	5	3	125
倉庫3	2	1	6	4	3	75
需要量	100	60	40	75	25	

(2) 作成した輸送計画

	営業所1	営業所2	営業所3	営業所4	営業所5	出荷量
倉庫1						
倉庫2						
倉庫3						
入荷量						

入荷量：各倉庫から営業所への輸送量の和
出荷量：倉庫から各営業所への輸送量の和

(3) 倉庫，営業所間各ルートの輸送費用

	営業所1	営業所2	営業所3	営業所4	営業所5
倉庫1					
倉庫2					
倉庫3					

倉庫，営業所間各ルートの輸送費用；各ルートの輸送単価と輸送量の積

(4) 総輸送費用：倉庫，営業所間各ルートの輸送費用の和

5.1.2 線形計画モデルを作る

OR社の輸送問題は既に述べたように，「最小の輸送費用で各営業所の需要を満たすためには，どの倉庫からどの営業所に製品をどのように送ればよいかという輸送計画を決定する問題」である．この目標を達成するために，倉庫，営業所間の輸送量は，表5.1，表5.2の営業所の需要量の制約，倉庫の供給量の制約を満たすように決められなければならない．

OR社の輸送問題を Excel により分析するため，営業所の需要量，倉庫の供給量の制約と，目標として最小にするべき総輸送費用（目的式の値）を，この問題の決定変数である倉庫，営業所間の輸送量の一次式として表し，この輸送問題の線形計画モデルを作成してみよう．

(1) 変数を決める

この問題では，倉庫，営業所間の輸送量を変数とする．倉庫1，倉庫2，倉庫3の各倉庫を表す番号を1, 2, 3，営業所1，営業所2，営業所3，営業所4，営業所5の各営業所を表す番号を1, 2, 3, 4, 5，として，倉庫 i から営業所 j への輸送量を X_{ij}（コンテナ）で表す．この変数 X_{ij} がOR社の輸送問題における意思決定のための変数である．

$$X_{ij} (i=1, 2, 3; j=1, 2, 3, 4, 5) \tag{5.1}$$

(2) 制約式

営業所 j の需要量の制約は，各倉庫から営業所 j への輸送量の和は営業所 j の来期の需

要量(表5.1)に等しくなければならないということである．この制約は変数 X_{ij} の一次式として次のように表すことができる．

$$X_{11}+X_{21}+X_{31} = 100$$
$$X_{12}+X_{22}+X_{32} = 60$$
$$X_{13}+X_{23}+X_{33} = 40 \qquad (5.2)$$
$$X_{14}+X_{24}+X_{34} = 75$$
$$X_{15}+X_{25}+X_{35} = 25$$

同様に，倉庫 i の供給量の制約は，倉庫 i から各営業所へ輸送する輸送量の和が，倉庫 i の来期の供給量(表5.2)以下でなければならないということである．この制約は変数 X_{ij} の一次式として次のように表すことができる．

$$X_{11}+X_{12}+X_{13}+X_{14}+X_{15} \leqq 120$$
$$X_{21}+X_{22}+X_{23}+X_{24}+X_{25} \leqq 125 \qquad (5.3)$$
$$X_{31}+X_{32}+X_{33}+X_{34}+X_{35} \leqq 75$$

(3) 目的式

倉庫 i，営業所 j 間の製品コンテナ当りの輸送単価が表5.3で与えられている．輸送量が X_{ij}(千ケース)のとき，来期の総輸送費用を Z で表すと目的式は次のように変数 X_{ij} の一次式として表すことができる．

$$Z = 4X_{11}+3X_{12}+4X_{13}+5X_{14}+2X_{15}+5X_{21}+2X_{22}+3X_{23}+5X_{24}+3X_{25}+2X_{31}$$
$$+1X_{32}+6X_{33}+4X_{34}+3X_{35} \qquad (5.4)$$

(4) 非負制約式

倉庫，営業所間の輸送量(X_{ij})は，負の値はとりえない．すなわち，変数 X_{ij} は非負の変数であり次のように表すことができる．

$$X_{ij} \geqq 0 \quad (i=1,2,3; j=1,2,3,4,5) \qquad (5.5)$$

このように，ＯＲ社の輸送問題は上の(1)，(2)，(3)，(4)の検討により，営業所 j の需要量を s_j，倉庫 i の供給量を w_i として，次のように線形計画モデルとして表すことができる．

制約式

$$X_{1j}+X_{2j}+X_{3j} = s_j \quad (j=1,2,3,4,5) \qquad (5.6)$$
$$X_{i1}+X_{i2}+X_{i3}+X_{i4}+X_{i5} \leqq w_i \quad (i=1,2,3) \qquad (5.7)$$
$$X_{ij} \geqq 0 \quad (i=1,2,3; j=1,2,3,4,5) \qquad (5.8)$$

のもとで，目的式

$$Z = 4X_{11}+3X_{12}+4X_{13}+5X_{14}+2X_{15}+5X_{21}+2X_{22}+3X_{23}+5X_{24}+3X_{25}+2X_{31}$$
$$+1X_{32}+6X_{33}+4X_{34}+3X_{35} \qquad (5.9)$$

の値を最小にするような X_{ij} ($i=1, 2, 3$; $j=1, 2, 3, 4, 5$) を求める問題．

このように変数 X_{ij} の一次式で表現された輸送問題の線形計画モデルを特に輸送モデルあるいは**輸送計画問題**という（以下では輸送計画問題という）．

5.2 実行可能な輸送計画の作成

前節で作成した輸送計画問題は，表5.3の輸送費用の中から最も輸送費用の安い倉庫→営業所のルートを選び，まずこのルートに供給量あるいは需要量の限度一杯輸送を行うという方針で表を埋めていくことを繰り返して行うことにより，需要量と供給量の制約を満たす一つの実行可能な輸送計画を，手計算で容易に作成することができる．

問5.2 ＯＲ社の輸送問題の実行可能な輸送計画を，次の手順により作成して，実行可能な輸送計画と総輸送費用を求めよ．

① 表5.3の輸送費用の中から，輸送費用の最も安い倉庫→営業所のルートを選ぶ．（最も安い倉庫→営業所のルートが複数の場合は，その中から任意のルートを選ぶ）
② ①で選んだルートに供給量あるいは需要量の限度一杯輸送を行い，この輸送量をルートに対応する表5.5のセルに記入する．
③ ②の輸送を行った後，各倉庫の残りの供給量，各営業所の未だ満たされていない需要量を求め，表5.5の各倉庫の供給量，各営業所の需要量をこの値に更新する．
④ ③の倉庫の供給量，営業所の需要量の更新により供給量，需要量が０になった行や列を除いた表5.3を縮小した表に対して①→③の操作を，総ての営業所について需要が満たされるまで繰り返す
⑤ ①→④により作成した実行可能な輸送計画(表5.5)より各倉庫の出荷量，各営業所の入荷量及びこの輸送計画の総輸送費用を求めよ．

表5.5 実行可能な輸送計画(計画１)

	営業所1	営業所2	営業所3	営業所4	営業所5	出荷量	供給量
倉庫1							120
倉庫2							125
倉庫3							75
入荷量							
需要量	100	60	40	75	25		

問5.2で求めた実行可能な輸送計画(表5.5)は，前節で作成した輸送計画問題の制約条件

である営業所の需要量の制約，倉庫の供給量の制約，非負変数の制約は満たしているが，輸送計画問題の目的式の値である総輸送費用を最小にする輸送計画（輸送計画問題の**最適解**あるいは**最適輸送計画**）である保証はない．次節で輸送計画問題の最適解を Excel ソルバーを使って求める方法を考えよう．

5.3 Excel ソルバーの利用

5.3.1 輸送計画問題の入力

5.1.2で作成した輸送計画問題の最適解を求めよう．先ず輸送計画問題のデータを図5.2の(A1:G14)に示すようにワークシートへ入力する．

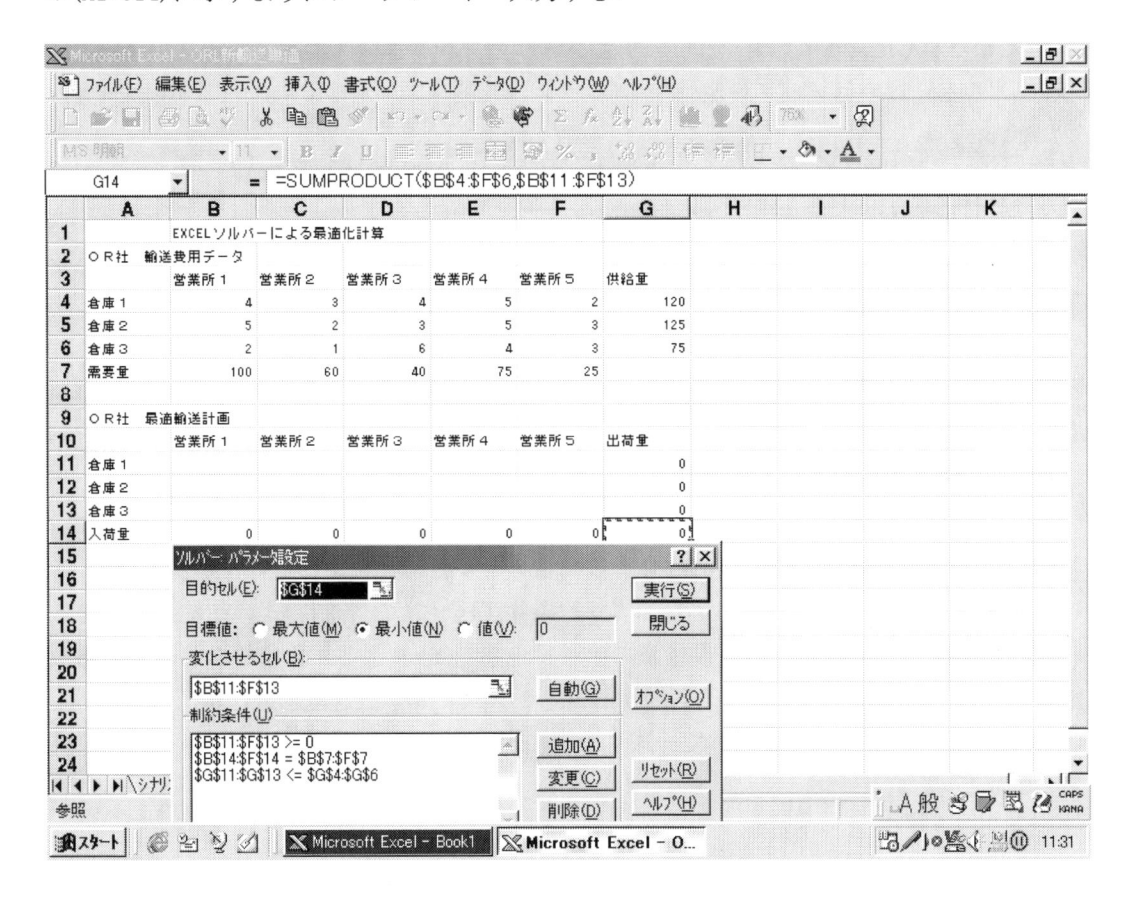

図5.2 輸送計画問題の入力とソルバー実行の準備

(1) 目的関数の係数である輸送単価(表5.3)はセル(B4：F6)へ入力，各ルートの輸送量を表す変数のセル(B11：F13)には0を入力する．

(2) 倉庫の供給量についての制約式を作成するため出荷量のセル(G11：G13)に，各倉庫から輸送する輸送量の和の計算式を入力する（＝SUM(B11：F11)のように）．
(3) 営業所の需要量についての制約式を作成するため入荷量のセル(B14：F14)に，各営業所へ輸送される輸送量の和の計算式を入力する（＝SUM(B11：B13)のように）．
(4) 目的式は，問5.1でワークシート(表5.4)作成で学んだように，総てのルートについての輸送単価(B4：F6)と輸送量(B11：F13)を掛け合わせた積の合計和となる．この目的式を［目的セル(E)］(G14)へ入力する（＝SUMPRODUCT(B4：F6,B11：F13)）．

5.3.2 ソルバー実行の準備

第4章で学んだように，メニューバーのツールのプルダウンメニューからソルバーを選択，［ソルバー：パラメータ設定］ダイアログ画面を開き図5.2に示すようにソルバー実行の準備を行う．

(1) ［目的セル(E)］：目的式のセルを指定する(G14)
(2) ［目標値］：求める解が目的式の［最大値(M)］か［最小値(N)］かを指定する（ＯＲ社の輸送計画問題では目的式の値の［最小値(N)］を指定する）
(3) ［変化させるセル(B)］：変数の値が入るセルを指定する(B11：F13)
(4) ［制約条件(U)］：倉庫の供給量についての制約式，各営業所の需要量についての制約式，決定変数の非負制約式はダイアログ画面の［追加(A)］ボタンを選択して一式ずつ入力する．

［追加(A)］ボタンを選択して開かれる［制約条件の追加］ダイアログの［セル参照(R)］には，入荷量のセル番地(B14:F14)，出荷量のセル番地(G11:G13)，決定変数のセル番地(B11:F13)を一式ずつ入力する．［制約条件(C)］には，各制約式の制約条件である需要量のセル番地(B7:F7)，供給量のセル番地(G4:G6)および非負条件のため0であるセル番地(B21:F23)を一式ずつ入力する．［セル参照(R)］と［制約条件(C)］間の等号，不等号はテーブルから選択して一式ずつ制約式を設定して，図5.2のパラメーター設定画面に戻る．

5.3.3 ソルバーの実行と最適解

ソルバー実行の準備が図5.2のように出来たら，［実行ボタン(S)］をクリックするとソルバーが実行され，輸送計画問題の最適解と目的式の値の最小値がワークシート上に表示される(図5.3)．

最適輸送計画と，目的式の値はワークシート上に表示されるが，ソルバーは同時に様々

第5章 製品はどこから運ぶか

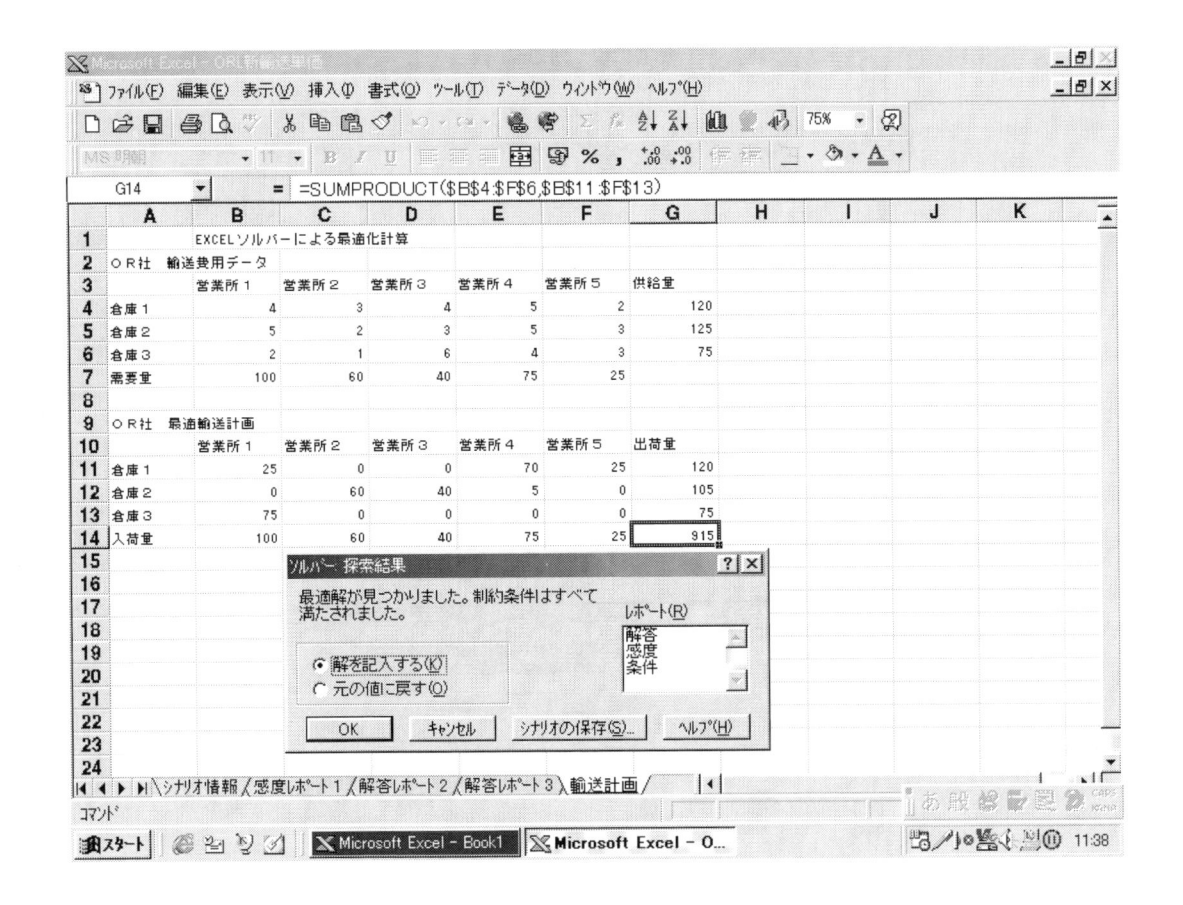

図5.3 ソルバーの実行結果

な有益な情報を含んだレポートを作成することができる．ソルバーの実行により最適解が求まると，レポート作成の有無を尋ねるダイアログが現れるので解答レポート，感度レポートを選択する．図5.4，図5.5は**解答レポート**，**感度レポート**の出力例を示した．

目的セル (最小値)

セル	名前	計算前の値	セルの値
$G$14	入荷量 出荷量	0	915

変化させるセル

セル	名前	計算前の値	セルの値
$B$11	倉庫1 営業所1	0	25
$C$11	倉庫1 営業所2	0	0
$D$11	倉庫1 営業所3	0	0
$E$11	倉庫1 営業所4	0	70
$F$11	倉庫1 営業所5	0	25
$B$12	倉庫2 営業所1	0	0
$C$12	倉庫2 営業所2	0	60
$D$12	倉庫2 営業所3	0	40
$E$12	倉庫2 営業所4	0	5
$F$12	倉庫2 営業所5	0	0
$B$13	倉庫3 営業所1	0	75
$C$13	倉庫3 営業所2	0	0
$D$13	倉庫3 営業所3	0	0
$E$13	倉庫3 営業所4	0	0
$F$13	倉庫3 営業所5	0	0

制約条件

セル	名前	セルの値	制約条件	ステータス	条件との差
$B$14	入荷量 営業所1	100	$B$14=$B$7	部分的に満たす	0
$C$14	入荷量 営業所2	60	$C$14=$C$7	部分的に満たす	0
$D$14	入荷量 営業所3	40	$D$14=$D$7	部分的に満たす	0
$E$14	入荷量 営業所4	75	$E$14=$E$7	部分的に満たす	0
$F$14	入荷量 営業所5	25	$F$14=$F$7	部分的に満たす	0
$G$11	倉庫1 出荷量	120	$G$11<=$G$4	満たす	0
$G$12	倉庫2 出荷量	105	$G$12<=$G$5	部分的に満たす	20
$G$13	倉庫3 出荷量	75	$G$13<=$G$6	満たす	0

図5.4 解答レポート

セル	名前	計算値	限界コスト	目的セル係数	許容範囲内増加	許容範囲内減少
$B$11	倉庫1 営業所1	25	0	4	1	1
$C$11	倉庫1 営業所2	0	0.999999999	2.999999999	1E+30	0.999999999
$D$11	倉庫1 営業所3	0	1	4	1E+30	1
$E$11	倉庫1 営業所4	70	0	5	0	0.999999999
$F$11	倉庫1 営業所5	25	0	2	1	1E+30
$B$12	倉庫2 営業所1	0	1	5	1E+30	1
$C$12	倉庫2 営業所2	60	0	2	0.999999999	1E+30
$D$12	倉庫2 営業所3	40	0	3	1	1E+30
$E$12	倉庫2 営業所4	5	0	5	1	0
$F$12	倉庫2 営業所5	0	1	3	1E+30	0.999999999
$B$13	倉庫3 営業所1	75	0	2	1	1E+30
$C$13	倉庫3 営業所2	0	1	1	1E+30	1
$D$13	倉庫3 営業所3	0	5	6	1E+30	5
$E$13	倉庫3 営業所4	0	1	4	1E+30	1
$F$13	倉庫3 営業所5	0	3	3	1E+30	3

制約条件

セル	名前	計算値	潜在価格	制約条件右辺	許容範囲内増加	許容範囲内減少
$B$14	入荷量 営業所1	100	4	100	20	5
$C$14	入荷量 営業所2	60	2	60	20	60
$D$14	入荷量 営業所3	40	3	40	20	40
$E$14	入荷量 営業所4	75	5	75	20	5
$F$14	入荷量 営業所5	25	2	25	20	5
$G$11	倉庫1 出荷量	120	0	120	5	20
$G$12	倉庫2 出荷量	105	0	125	1E+30	20
$G$13	倉庫3 出荷量	75	-2	75	5	20

図5.5 感度レポート

5.3.4 最適な輸送計画

Excel ソルバーの利用により求めたOR社の最適輸送計画を，以下の検討に使用するために，解答レポートより表5.6を作成した．これによると，最適輸送計画では，倉庫の出荷量，営業所の入荷量および各倉庫から営業所への輸送量は表5.6のようになり，総輸送費用は915万円であることがわかった．

表5.6の最適輸送計画で各ルートの輸送量は総て整数の値となっているが，これは輸送計画問題の需要量，供給量についての制約条件の値が整数値である限り各ルートの輸送量の値も整数になるという輸送計画問題の性質によるものである．このような性質は一般の線形計画モデルでは保証されない輸送計画問題の重要な性質である．

表5.6 最適輸送計画（計画2）

	営業所1	営業所2	営業所3	営業所4	営業所5	出荷量	供給量
倉庫1	25			70	25	120	120
倉庫2		60	40	5		105	125
倉庫3	75					75	75
入荷量	100	60	40	75	25		
需要量	100	60	40	75	25		

問5.3 問5.2で求めた実行可能な輸送計画（計画1，表5.5）と，ソルバーで求めた最適輸送計画（計画2，表5.6）を比較して，二つの輸送計画の主な相違点を調べよ．

5.4 最適輸送計画の変更

5.4.1 実行可能な輸送計画（計画1）と最適輸送計画（計画2）を較べる

問5.2で求めた実行可能な輸送計画（計画1）と，ソルバーで求めた最適輸送計画（計画2）の大きな相違点は表5.5，表5.6の比較により明らかなように，輸送費用が1である倉庫3→営業所2のルートの製品輸送の有無であろう．この2つの輸送計画の相違点に注目して最適輸送計画の性質を調べよう．

(1) 計画1は，輸送ルートの中から輸送費用の最も安いルートに注目し，問5.2で述べた手順に従って作成した輸送計画である．
(2) 計画2は，OR社の最適輸送計画であるが，この最適計画では輸送費用が0の倉庫3→営業所2ルートの輸送は行われていない．
(3) 倉庫3→営業所2ルートの輸送を行うことが，OR社の最適輸送計画と総輸送費用にどのような影響を与えるのであろうか，次節で検討する．

5.4.2 最適輸送計画の変更と総輸送費用への影響

最適輸送計画をもとにして，各倉庫の出荷量は最適輸送計画のままとしてこの計画で輸送量が0である倉庫3→営業所2ルートの輸送を，仮に製品1単位(コンテナ)実施した場合，最適輸送計画がどのような影響を受け，その結果として目的式の総輸送費用への影響を調べよう．

(1) 表5.5の最適輸送計画では，各倉庫の出荷量は供給量以内，各営業所の需要は満たされ，各倉庫から輸送する輸送量の和は倉庫の出荷量，各営業所へ輸送される輸送量の和は営業所の需要量に一致している．倉庫3→営業所2ルートの輸送を1単位行うことによる輸送計画への影響を，最適輸送計画で輸送が実施されているルートのみを使って調べてみると，上で述べた倉庫の出荷量，営業所の需要量の制約から計画1の各ルートの輸送量は表5.7のように変更され，変更された輸送計画(計画3)が得られる．

(2) 変更された輸送計画(計画3)の総輸送費用は，表5.3，表5.7より求めると916万円となる．

表5.7 変更された輸送計画(計画3)

	営業所1	営業所2	営業所3	営業所4	営業所5	出荷量	供給量
倉庫1	25+1			50−1	25	120	120
倉庫2		60−1	40	25+1		105	125
倉庫3	75−1	+1				75	75
出荷量	100	60	40	75	25		
需要量	100	60	40	75	25		

(3) 変更された輸送計画(計画3)の総輸送費用(916万円)と，最適輸送計画(計画2)の総輸送費用(915万円)の差は，計画2から計画3への輸送計画の変更による総輸送費用への影響であり，表5.6の各ルートの中で輸送量が変更になったルートについて，次のように積算することで求めることも出来る．

$$1\times(+1)+2\times(-1)+5\times(+1)+5\times(-1)+4\times(+1)+2\times(-1)=1(万円) \tag{5.10}$$

(4) 上で求めた最適輸送計画から計画3への変化による総輸送費用の影響「1万円」の意味は，最適計画を変更して仮に輸送量が0である倉庫3→営業所2ルートの輸送を少しでも行うと，総輸送費用が千ケースについて1万円の割りで増加することを示している．この値は Excel ソルバーの感度レポートに，最適解では輸送量が0である倉庫3→営業所2のルート(変数)の「**限界コスト**」として与えられている．

(5) この限界コストの値は，輸送計画を実施するさいに，輸送量が0である倉庫→営業所ルートの輸送量の1単位の変化に対する総輸送費用の影響の大きさについての限界的な情報(輸送量を1単位変化させたときの値)を与えている．

問5.4 OR社の最適輸送計画をもとにして，最適解では輸送量が0である次のルートの限界コストを，表5.6で説明した方法で求め感度レポートの限界コストの値と比較せよ．
(1) 倉庫1→営業所2
(2) 倉庫3→営業所3
(3) 倉庫3→営業所5

5.5 制約条件の変更と総輸送費用への影響

Excel ソルバーの感度レポートには，5.4で述べた限界コストの他に各倉庫，営業所の供給量，需要量制約条件の「**潜在価格**」が求められている．この潜在価格の値も限界コストと同様に最適解の性質や，問題の変更に伴って輸送計画の改善の方向を調べる上で有用な情報である．

(1) OR社の最適輸送計画では，各倉庫の供給量は倉庫2を除いて総て出荷する計画となっている．倉庫の供給量制約条件の潜在価格は，仮に倉庫3の供給量が少し増加(減少)すると千ケースについて，2千円の割りで総輸送費用が減少(増加)することを示している．倉庫1，倉庫2の場合は供給量についての制約条件の潜在価格が0であるから，各倉庫の供給量を増しても，総輸送費用は減少しない．

(2) 各営業所の需要量についての制約条件の潜在価格は，営業所1,2,3,4,5の需要量が少し増加(減少)すると，千ケースについて各々3万円，1万円，2万円，4万円，1万円，の割りで総輸送費用が増加(減少)することを示している．さらに感度レポートの「許容範囲内増加(減少)」には，この潜在価格の制約条件の有効な変更の範囲が示されている．

この有効な変更の範囲を超える制約条件の変化，あるいは同時に2つ以上の制約条件が変化をする場合は，限界コスト，潜在価格は使用することは出来ない．制約条件の変更に伴う輸送計画問題を改めて作成しソルバーにより最適解を求め分析を行わなければならない．

(3) 制約条件の潜在価格の意味は，例えば各倉庫供給量の輸送費用に換算した経済的価値を示しており，輸送計画問題の検討では，輸送問題の前提条件でありデータとして与えられた倉庫の供給量や営業所需要量の変更に関する問題等の検討を行う際に重要な情報となる．

問5.5 ＯＲ社の最適輸送計画（計画１）をもとにして，制約条件の変更による次のケースについて，輸送計画問題の制約条件を変更しソルバーにより最適解（最適輸送計画）を求め，総輸送費用への影響を調べ感度レポートの制約条件の潜在価格を使って求めた総輸送費用への影響の値と比較せよ．

(1) 倉庫３の供給量　　　　75→85
(2) 営業所１の需要量　　　100→80

5.6 輸送計画問題の応用

このように輸送計画問題は，供給地から需要地への製品や原料などの輸送の問題を取り扱っている．輸送計画問題の応用は，輸送計画問題単独の場合もあるが実際の応用の場面では，供給地，需要地の間に存在する商品の積み替えや，倉庫の機能を持った中間拠点を含めて，いくつかの輸送計画問題を組み合わせたり，あるいは第４章で学んだ生産計画問題などと組み合わせて総合的な物流問題に利用されている．

さらにこのように輸送計画問題を他のモデルと組み合わせた応用は，4.7で述べた産業界での利用のみでなく，行政の分野でも，地域住民の医療施設，高齢者施設などさまざまな公共施設利用の利便性を，住民の施設への移動距離で考えて，これらの公共施設の地域内での配置計画の検討などに利用されている．

第6章 人の配置をどうするか

―割り当ての計画―

　企業の経営の中でまぎれもなく重要なのが，従業員の人事に関する事柄である．この問題は，業績の評価や組織の管理，リーダーシップなど人的要素の面で考えられがちであるが，人件費や適材配置については数値的な考え方も意思決定には必要である．ＯＲ社においても，各工場や営業所の人員の配置，雇用，異動などさまざまな人事上の問題が存在する．これらの問題のうちのいくつかのものは，第４章から使ってきた線形計画モデルを応用して解くことができる．この章では，ＯＲ社の営業所員の定期人事異動計画案の作成と，ある営業所におけるアルバイトの配置計画案の作成について考える．

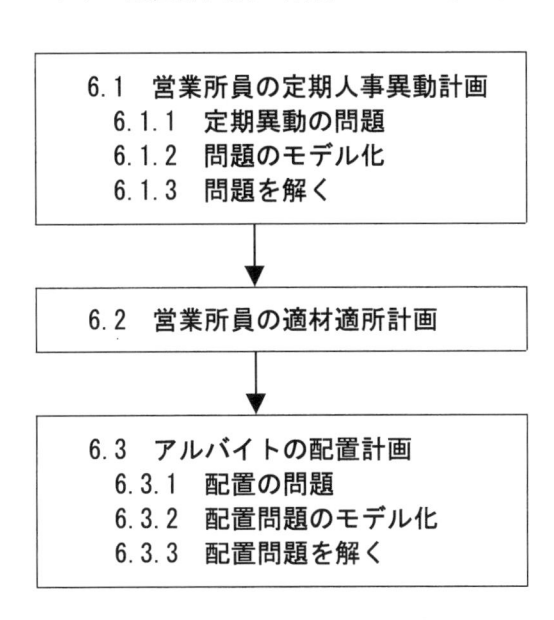

```
6.1　営業所員の定期人事異動計画
  6.1.1　定期異動の問題
  6.1.2　問題のモデル化
  6.1.3　問題を解く
            ↓
6.2　営業所員の適材適所計画
            ↓
6.3　アルバイトの配置計画
  6.3.1　配置の問題
  6.3.2　配置問題のモデル化
  6.3.3　配置問題を解く
```

6.1 営業所員の定期人事異動計画
6.1.1 定期人事異動の問題

OR社では，営業所の業務量に応じた所員を確保し，また，営業所員にさまざまな形態の営業を経験させるために，2年に一度の全社的な定期人事異動を行っている．本来異動計画は業務遂行の上での適材配置とか，教育の一環としての体験のための配置とか，それぞれの目的があるが，ここではまずそれらを考えない場合を取り扱う．

人事部では，各営業所からの希望に基づき移動人数に関する計画案を作成した．表6.1の移動予定数，受入予定数に過不足が無いように移動させたい．移動数に関するこれらの条件にあわせて，赴任に要する費用の総額もできるだけ少なくしたい．どのようにしてこの問題を考えたらよいだろうか．

いま，埼玉，茨城，千葉，東京，神奈川の五つの営業所を対象として営業所員の異動の計画を立てるものとする．各営業所から他の営業所に移る予定の人数(移動予定数)，および，各営業所が受け入れることを予定している人数(受入予定数)は次の表6.1の通りとする．

表6.1 各営業所の移動予定数と受入予定数

営業所名	移動予定数	受入予定数
埼玉（営業所1）	7	8
茨城（営業所2）	8	10
千葉（営業所3）	10	6
東京（営業所4）	6	9
神奈川（営業所5）	9	7
合計	40	40

また，移動者の赴任に伴う費用は表6.2のように見積もられている．これらの費用は，運送費や受入先の条件を考慮して算出されたものである．

この表6.2では，埼玉から埼玉，茨城から茨城，……神奈川から神奈川への同じ営業所間の移動は意味がないから特に移動費用は計上していない．しかし，実際にこの問題を解くときには，問題を簡明にモデル化するためのテクニックとして，同じ営業所間の移動費用を1千万円とか1億円とかのとてつもない費用(ペナルティ)がかかるようにしておく．このようにしておくと，1人の移動に1億円もかかるような移動案は総費用を最小にする案になりようがないので，事実上同じ営業所間の移動が起こらないようにできるのである．また，移動費用は対称性を有していない．たとえば，埼玉から茨城への移動費用は56万円であるのに対し，茨城から埼玉への費用は40万円であり，同じ費用が計上されてはいない．

第6章 人の配置をどうするか

これは，この表で設定された移動費用は，輸送のための費用と受け入れのための費用と送り出すための費用から構成されると考えたからである．

表6.2 営業所から営業所への移動単価(万円)

	埼玉	茨城	千葉	東京	神奈川
埼玉	—	56	70	75	80
茨城	40	—	58	72	85
千葉	45	36	—	68	73
東京	38	55	60	—	47
神奈川	63	76	84	35	—

6.1.2 問題のモデル化

この問題を線形計画モデルとして組み立ててみよう．この人事異動の問題では，営業所間で移動する人数を対象とするから，前章で述べられた物資の輸送問題と大体同じ枠組みでモデルを組み立てることができる．

(1) 変数をきめる

この問題で必要となるのは，5つの営業所間の移動人数を表す変数である．埼玉，茨城，千葉，東京，神奈川の各営業所を表す番号を順に1, 2, 3, 4, 5とすると営業所間の移動人数を次のように表すことができる．

$$X_{ij} : 営業所 i から営業所 j への移動人数 (i, j=1, 2, 3, 4, 5) \quad (6.1)$$

これらの変数は，前章において取り上げられた倉庫から営業所への輸送量を表す変数と同じ考えで定義されるものである．これらは，$X_{11}, X_{12}, \ldots, X_{55}$ まで全部で25個あり，人数を表すものであるから，いずれも負でない整数値をとる．すなわち，変数 X_{ij} は次の条件を満たしていなければならない．

$$X_{ij} \geq 0 \quad (整数値) \quad (6.2)$$

これらの変数に適当な値を持たせて，総費用が最小になるような解を求めることがこの問題の目的である．

(2) 制約条件を考える

線形計画モデルの制約条件として，移動人数に関する制約を考える．まず，営業所 i ($i=1, \cdots, 5$) から移動する人数の合計は，Σ を用いて次のように表すことができる．

$$\sum_{j=1}^{5} X_{ij}$$

したがって，表6.1の移動予定数を考慮して次の制約条件が付けられる．この制約条件は，それぞれの営業所から移動して行く人数は移動予定数通りで過不足がないということを表している． (6.3)

$$\sum_{j=1}^{5} X_{ij} = 営業所 i からの移動予定数 (i = 1, \ldots 5) \qquad (6.4)$$

たとえば，埼玉営業所に関しては次のようになる．

$$\sum_{j=1}^{5} X_{1j} = 7 \qquad (6.5)$$

また，営業所 j に移動してくる人数の合計は，

$$\sum_{i=1}^{5} X_{ij} \qquad (6.6)$$

と表すことができる．したがって，表6.1の受入予定数を考慮して次の制約条件が付けられる．この制約条件は，それぞれの営業所に移動してくる人数は受入予定数通りで過不足がないということを表している．

$$\sum_{i=1}^{5} X_{ij} = 営業所 j の受入予定数 (j = 1, \ldots, 5) \qquad (6.7)$$

たとえば，埼玉営業所に関しては次のようになる．

$$\sum_{i=1}^{5} X_{i1} = 8 \qquad (6.8)$$

(3) 目的式を設定する

線形計画モデルの定式化の最後として，目的式の設定を行う．この問題では，目的式には新しい営業所への赴任に伴う費用の合計を記述する．この合計は，変数 $X_{11}, X_{12}, X_{13}, \cdots X_{55}$ に，表6.2の移動費用をかけて，それらの総和をとったものである．目的式は，左辺を F とし，営業所 i から営業所 j への1人当たりの移動費用を C_{ij} とすると，

$$F = \sum_{i=1}^{5} \sum_{j=1}^{5} C_{ij} X_{ij} \qquad (6.9)$$

と表すことができる．したがって，この問題は上の式に表された目的式 F の値を最小とす

第6章　人の配置をどうするか

るような $X_{11}, X_{12}, X_{13}, \cdots, X_{55}$ を求めることと言える．

6.1.3　定期人事異動の問題を解く

　前項で定式化した問題は，(6.4)，(6.7)に示す通りの一次方程式を制約条件式とし，(6.9)に示す目的式の値を最小にするような変数 X_{ij} ($i, j = 1, 2, \cdots, 5$) の値を求める問題である．この問題を Excel ソルバーを用いて解くことにする．

　次の表6.3は，ソルバーを使用するために設定された Excel のワークシートである．はじめに，この表の内容について説明する．

(A)　変数表

　この表6.3の網掛けの部分すなわち C3：G7のセルの値が営業所間の移動人数を表している．これらは解を求めるべき変数を表しており，ここでは初期値として0が設定されている．また，H列の"移動数"と書かれたセルの下5つのセルは各営業所から移動して行く人数の合計を表している．この表では，当然ながらその値は0となっている．同様に，第8行の"受入数"のセルの右側5つのセルには，各営業所に移動してくる人数の合計が入っている．

(B)　営業所から営業所への移動単価表

　ここには，表6.2の内容をそのまま記述する．ただし，表の対角線上のセルには10000という大きな値が入っている．これは先に述べたように同じ営業所間の移動が起きないようにするためのモデル上の工夫である．

(C)　計算補助表

　この表は，(A)表の営業所間の移動人数と(B)表の移動単価の積を記述したものである．

(D)　目的式

　ここには移動費用の総合計を記述している．すなわち，セル D28に＝SUM(C21：G25)と記述して，(C)計算補助表にある25個のセルに計算されている費用の合計を求めている．このセル D28の値を最小化することが目的となる．

　次に，ソルバーを使用する．ソルバーのダイアログ画面上の設定は表6.4の通りである．この設定のうち，制約条件について簡単に説明する．まず，C3：G7＝整数 と C3：G7＞＝0 は，変数である営業所間の移動数が負でない整数であることを表している．また，H3：H7＝I3：I7は，各営業所からの移動数を移動予定数と一致させるための条件である．最後に，C8：G8＝C9：G9は，各営業所の受入数を受入予定数に一致させるための条件である．

　なお，"C3：G7＝整数"と入力する場合，右辺の"整数"を入力するためには"区間"を選択しなければならないので注意されたい．

表6.3 定期異動問題のワークシート(初期設定)

	A	B	C	D	E	F	G	H	I
1	(A) 変数表								
2			埼玉	茨城	千葉	東京	神奈川	移動数	移動予定
3		埼玉	0	0	0	0	0	0	7
4		茨城	0	0	0	0	0	0	8
5		千葉	0	0	0	0	0	0	10
6		東京	0	0	0	0	0	0	6
7		神奈川	0	0	0	0	0	0	9
8		受入数	0	0	0	0	0		
9		受入予定	8	10	6	9	7		
10									
11	(B) 営業所から営業所への移動単価表								
12			埼玉	茨城	千葉	東京	神奈川		
13		埼玉	10000	56	70	75	80		
14		茨城	40	10000	58	72	85		
15		千葉	45	36	10000	68	73		
16		東京	38	55	60	10000	47		
17		神奈川	63	76	84	35	10000		
18									
19	(C) 計算補助表 (移動人数×移動単価)								
20			埼玉	茨城	千葉	東京	神奈川		
21		埼玉	0	0	0	0	0		
22		茨城	0	0	0	0	0		
23		千葉	0	0	0	0	0		
24		東京	0	0	0	0	0		
25		神奈川	0	0	0	0	0		
26									
27	(D) 目的式表								
28		移動の総費用		0	(最小化)				
29									
30									

表6.4 ソルバーのダイアログの設定

目的セル	D28
目標値	最小値
変化させるセル	C3：G7
制約条件：	C3：G7＝整数
	C3：G7＞＝0
	H3：H7＝I3：I7
	C8：G8＝C9：G9

第6章 人の配置をどうするか

ソルバーについてこのような設定をして，実行ボタンを押すと，表6.3のフォーム上に，表6.5に示す結果が得られる．

表6.5 営業所員の定期異動問題のワークシート(計算結果)

	A	B	C	D	E	F	G	H	I
1	(A) 変数表								
2			埼玉	茨城	千葉	東京	神奈川	移動数	移動予定
3		埼玉	0	0	6	0	1	7	7
4		茨城	8	0	0	0	0	8	8
5		千葉	0	10	0	0	0	10	10
6		東京	0	0	0	0	6	6	6
7		神奈川	0	0	0	9	0	9	9
8		受入数	8	10	6	9	7		
9		受入予定	8	10	6	9	7		
10									
11	(B) 営業所から営業所への移動単価表								
12			埼玉	茨城	千葉	東京	神奈川		
13		埼玉	10000	56	70	75	80		
14		茨城	40	10000	58	72	85		
15		千葉	45	36	10000	68	73		
16		東京	38	55	60	10000	47		
17		神奈川	63	76	84	35	10000		
18									
19	(C) 計算補助表 (移動人数×移動単価)								
20			埼玉	茨城	千葉	東京	神奈川		
21		埼玉	0	0	420	0	80		
22		茨城	320	0	0	0	0		
23		千葉	0	360	0	0	0		
24		東京	0	0	0	0	282		
25		神奈川	0	0	0	315	0		
26									
27	(D) 目的式表								
28		移動の総費用		1777	(最小化)				
29									
30									

表6.5より，総費用を最小にする移動計画案を知ることができる．各営業所の移動数と移動予定数，および，受入数と受入予定数は一致しており，当初の条件を満たしている．このときの移動総費用は1777万円であり，移動者1人あたりの費用は約44万円となる．移動総費用を最小とするような各営業所間の移動人数は，このシートの(A)変数表の網がけ

部分に示されている．

ところで，埼玉営業所からの移動は，神奈川営業所に1人，千葉営業所に6人となっている．埼玉営業所からは茨城へ移動する場合がもっとも費用が少なくて済むが，解を見るとその茨城への移動人数はゼロである．前章の輸送問題でも触れられたが部分最適は必ずしも全体最適ではないということがここでも現れている．

問6.1 表6.5には，移動総費用を最小にするような移動計画案が示されている．しかし，この計画案には人事担当者には受け入れにくいある種の偏りが見られる．たとえば，千葉営業所からは移動予定の10人すべてが茨城への移動となっている．また，神奈川営業所からはすべてが東京への移動となっている．これでは，営業所員を定期的に移動させてさまざまな業務経験を積ませようとする所期の目的を十分に達成することができない．一つの営業所から他の営業所にできるだけ散らばって移動するようにしたいものである．そこで担当者は解を求めるに当たって次の条件を追加することにした．

　　追加条件：各営業所間の移動人数を4人以下とする

このとき移動総費用を最小とするような移動案を求めよ．このような条件を加えた場合，営業所間の移動の偏りは解消されるか．また，移動総費用はどのようになるか．

6.2　営業所員の適材配置計画

人事担当者は，これまで検討してきた移動総費用を最小にする案とは別に，営業所員の移動を適材配置の考えに基づいて検討したいと思っている．

なお，前節6.1でとりあげた移動計画問題では営業所員の移動総人数を40人としてきたが，ここでは少し問題をコンパクトにして，表6.6に示すように，移動総人数が20人の場合を検討するものとする．

表6.6　各営業所の移動予定数と受入予定数

営業所名	移動予定数	受入予定数
埼玉(営業所1)	5	4
茨城(営業所2)	3	5
千葉(営業所3)	5	3
東京(営業所4)	3	4
神奈川(営業所5)	4	4
合計	20	20

営業所員の適材配置計画案を作成するために，まず，移動予定の営業所員のこれまでの業務経験，営業所における経歴，移動先に関する希望および受入先営業所がどのような所

員を求めているかを総合的に判断して，次の表6.7に示す適材配置得点（今後，単に得点と呼ぶことにする）を算出した．この得点は，所員ごとにどの営業所に移動したらＯＲ社にとって好ましいかを10点満点で見積もったものである．

なお，この表では各営業所員が同じところに留まることは好ましくないので，現在所属している営業所における得点を０点としている．

表6.7 営業所員の適材配置得点

No.	埼玉	茨城	千葉	東京	神奈川
1	0	5	3	1	2
2	0	2	4	2	7
3	0	4	7	6	9
4	0	5	3	2	4
5	0	6	1	1	2
6	6	0	1	5	3
7	10	0	2	6	3
8	4	0	1	9	10
9	3	2	0	9	7
10	4	4	0	4	2

No.	埼玉	茨城	千葉	東京	神奈川
11	1	2	0	1	9
12	5	7	0	10	7
13	4	9	0	8	7
14	9	9	5	0	5
15	6	3	7	0	2
16	6	7	1	0	3
17	2	4	10	6	0
18	2	3	7	7	0
19	5	8	4	4	0
20	7	6	8	2	0

この表6.7をもとにして移動計画案を求めるための線形計画モデルを次のように考える．

(1)変数をきめる

移動計画実施後に，営業所員 k が営業所 j に所属するかどうかを変数 Z_{kj}（$k=1,\cdots,20$, $j=1,\cdots,5$）を用いて表す．この変数は次のように，０あるいは１の値をとる整数である．

$$Z_{kj} = \begin{cases} 0 & 営業所員 k が営業所 j に所属しない \\ 1 & 営業所員 k が営業所 j に所属する \end{cases} \tag{6.10}$$

なお，変数 Z_{kj} の個数は全部で100個である．今回使用した Excel では変数の個数の上限は200であるので，もう少し大きな問題でも扱うことができる．

(2)制約条件を考える

各営業所に移動してくる人数の合計が受入予定数に一致するという制約条件をつける．すなわち，

$$営業所１に配置される人数：\sum_{k=1}^{20} Z_{k1} = 4$$

営業所2に配置される人数：$\sum_{k=1}^{20} Z_{k2} = 5$

営業所3に配置される人数：$\sum_{k=1}^{20} Z_{k3} = 3$ (6.11)

営業所4に配置される人数：$\sum_{k=1}^{20} Z_{k4} = 4$

営業所5に配置される人数：$\sum_{k=1}^{20} Z_{k5} = 4$

というようになる．

また，配置計画実施後，各営業所員はどこかの営業所に所属する．すなわち，営業所員 $k(k=1, \cdots, 20)$ について考えてみると，この営業所員の配置先の合計は1に等しくなる．このことは式で表すと次のようになる．

$$\sum_{j=1}^{5} Z_{kj} = 1 \quad (k=1, \cdots, 20) \quad (6.12)$$

(3) 目的式を設定する

目的式の値は20人の営業所員の配置先の適材配置得点の合計である．すなわち，営業所員 k の営業所 j における得点を $P_{kj}(k=1, \cdots, 20, j=1, \cdots, 5)$ とすると，目的式の値 F は次式で表される．

$$F = \sum_{k=1}^{20} \sum_{j=1}^{5} Z_{kj} P_{kj} \quad (6.13)$$

この式の値を最大にするような解を求める．

問6.2 表6.7において，次のルールに基づいて，手作業により配置案を作成してみよ．そのときの20人の営業所員の配置得点の合計を求めよ．
①埼玉，茨城，千葉，東京，神奈川の順番で，1人ずつ得点の高い人から拾っていく．
②同じ得点の人が複数いる場合には番号が上の人（番号が小さい人）を拾う．
③所定の人数を確保した営業所は順番から外す．

問6.3 上記の適材配置問題をソルバーを用いて解くために，表6.8に示すExcelワークシートを作成した．この表を初期表としてソルバーを適用し解を求めよ．

表6.8 適材配置問題を解くための初期表

	A	B	C	D	E	F	G	H	I	J	K	L	M	N	O
1	(A)	変数								(B)	得点				
2		番号	埼玉	茨城	千葉	東京	神奈川	合計		番号	埼玉	茨城	千葉	東京	神奈川
3		1	0	0	0	0	0	0		1	0	5	3	1	2
4		2	0	0	0	0	0	0		2	0	2	4	2	7
5		3	0	0	0	0	0	0		3	0	4	7	6	9
6		4	0	0	0	0	0	0		4	0	5	3	2	4
7		5	0	0	0	0	0	0		5	0	6	1	1	2
8		6	0	0	0	0	0	0		6	6	0	1	5	3
9		7	0	0	0	0	0	0		7	10	0	2	6	3
10		8	0	0	0	0	0	0		8	4	0	1	9	10
11		9	0	0	0	0	0	0		9	3	2	0	9	7
12		10	0	0	0	0	0	0		10	4	4	0	4	2
13		11	0	0	0	0	0	0		11	1	2	0	1	9
14		12	0	0	0	0	0	0		12	5	7	0	10	7
15		13	0	0	0	0	0	0		13	4	9	0	8	7
16		14	0	0	0	0	0	0		14	9	9	5	0	5
17		15	0	0	0	0	0	0		15	6	3	7	0	2
18		16	0	0	0	0	0	0		16	6	7	1	0	3
19		17	0	0	0	0	0	0		17	2	4	10	6	0
20		18	0	0	0	0	0	0		18	2	3	7	7	0
21		19	0	0	0	0	0	0		19	5	8	4	4	0
22		20	0	0	0	0	0	0		20	7	6	8	2	0
23		合計	0	0	0	0	0								
24		受入数	4	5	3	4	4								
25															
26	(C)	目的式													
27		目的式の値		0	←セル D27 には、=SUMPRODUCT (C3:G22, K3:O22) を入力										
28															

6.3 アルバイト要員の配置計画

6.3.1 配置の問題

OR社の配送センターでは，配送補助業務にアルバイトを雇っている．次の週に何人のアルバイトを必要とするかについて週の半ばに予測を行い，その予測に基づいてあらかじめ登録されたアルバイト要員に出勤を依頼している．次週に関する所要人数について表6.9

に示すような計画を立てた．

表6.9 次週のアルバイト所要人数

曜日	月	火	水	木	金	土	日
所要人数	3	3	3	4	4	4	5

このセンターに登録されているアルバイト要員は，A, B, C, D, E, F, G, Hの8人である．これらのアルバイト要員が次週の月曜日から日曜日まで出勤できるかどうかは次の表6.10のようになっている．この表では，○印は出勤可能，×印が出勤不能である．

表6.10 アルバイトの出勤可能日

アルバイト	月	火	水	木	金	土	日
A	○	○	○	○	○	○	○
B	○	○	×	×	○	○	×
C	○	×	○	○	○	×	○
D	×	×	○	×	○	○	○
E	×	○	×	○	×	○	×
F	○	○	×	×	×	○	○
G	○	×	○	×	○	×	○
H	×	×	○	○	×	○	○

各人の都合と曜日ごとの所要人数を考慮してアルバイト要員の配置計画を立てたい．どのようにこの問題を扱ったらよいか．ただし，特定のアルバイトへの依頼日数が少なくならないようにしたい．ここでは，各人に対して少なくとも3日は依頼するものとする．

6.3.2 配置問題のモデル化

この問題は典型的な割り当ての問題である．それほど大きな問題ではないから，条件のきついところから割り当てていけば，いろいろと試行錯誤はあるにしても，与えられた条件を満たすような解を見出せるかも知れない．しかし，実際問題では，アルバイト要員の人数がもっと多くなるだろうし，制約条件もさまざまに付くであろう．他の問題へも応用ができるようになることを念頭において定式化し解を導いてみよう．

(1) 変数をきめる

まず，変数の設定を行う．ここで設定する変数は，誰に何曜日にきてもらうかという情報を担うものである．アルバイト要員が8人，曜日が7つであることから，全部で$8 \times 7 = 56$個の変数を必要とする．変数設定にあたりアルバイト要員および曜日に番号をつけることにする．ここでは，アルバイト(A, B, C, D, E, F, G, H)に対して番号を $i = 1, 2,$

…, 8をつけ, 曜日 (月, 火, 水, 木, 金, 土, 日) に対して番号を $j=1, 2 \cdots, 7$ をつけるものとする. このように番号をつけておいて, アルバイト i に曜日 j に働いてもらうかどうかを表す変数 X_{ij} を次のように定義する.

$$X_{ij} = \begin{cases} 1 & \text{アルバイト } i \text{ に曜日 } j \text{ に働いてもらう場合} \\ 0 & \text{アルバイト } i \text{ に曜日 } j \text{ には働いてもらわない場合} \end{cases} \quad (6.14)$$

これらの変数のほかに2種類の補助的な変数を導入する. これらの変数は制約条件式を表現したり, 目的式を定義するために用いられるものである. まず各アルバイトが1週間に働く日数を表す補助変数 S_i を導入する.

$$S_i = \sum_{j=1}^{7} X_{ij} \quad (i=1, 2, \cdots, 8) \quad (6.15)$$

たとえば, アルバイトAが1週間に働く日数は S_1 であり, アルバイトBは S_2 である. 次に, 曜日ごとのアルバイトの合計人数を表す補助変数 W_j を導入する.

$$W_j = \sum_{i=1}^{8} X_{ij} \quad (j=1, \cdots, 7) \quad (6.16)$$

なお, これらの変数の関係は表6.11に示す通りである.

表6.11 変数 X_{ij}, S_I, W_j の関係

アルバイト	月	火	水	木	金	土	日	合計
A	X_{11}	X_{12}	X_{13}	X_{14}	X_{15}	X_{16}	X_{17}	S_1
B	X_{21}	X_{22}	X_{23}	X_{24}	X_{25}	X_{26}	X_{27}	S_2
C	X_{31}	X_{32}	X_{33}	X_{34}	X_{35}	X_{36}	X_{37}	S_3
D	X_{41}	X_{42}	X_{43}	X_{44}	X_{45}	X_{46}	X_{47}	S_4
E	X_{51}	X_{52}	X_{53}	X_{54}	X_{55}	X_{56}	X_{57}	S_5
F	X_{61}	X_{62}	X_{63}	X_{64}	X_{65}	X_{66}	X_{67}	S_6
G	X_{71}	X_{72}	X_{73}	X_{74}	X_{75}	X_{76}	X_{77}	S_7
H	X_{81}	X_{82}	X_{83}	X_{84}	X_{85}	X_{86}	X_{87}	S_8
合計	W_1	W_2	W_3	W_4	W_5	W_6	W_7	

(2) 制約条件を考える

はじめに, 変数 X_{ij} の範囲を限定する. X_{ij} は働くかどうかを表す変数であるから, 負でない整数値でなければならない. また, 各アルバイトは都合の悪い曜日には働けない. したがって, 次の条件を満たさねばならない.

$$0 \leq X_{ij} \leq D_{ij} \quad (6.17)$$

ここで, D_{ij} はアルバイトの都合を示す表6.10の中味を数値で表したものであり, 都合

が良いならば $D_{i,j}=1$，都合が悪い場合には $D_{i,j}=0$ となる定数である．

次に，アルバイトA，B，…，Hの1週間に働く日数の合計に関する制約を考える．アルバイトが1週間に働く日数は先に導入した補助変数 $S_i(i=1,\cdots,8)$ によって表されるが，この問題では，各アルバイトに3日以上働いてもらうことが条件であるから，次のような制約条件がつけられる．

$$S_i \geqq 3 \qquad (i=1, 2, \cdots, 8) \tag{6.18}$$

(3) 目的式を設定する

アルバイトの配置計画案作成の目的は，アルバイト要員の都合(表6.10)を考慮しながら，曜日ごとの所要人数をできるだけ過不足が無いように配置することである．すなわち，曜日ごとに配置された人数と所要人数の差ができるだけ小さくなるようにしたい．そこで，目的式 F を次式のように設定して，その最小化を図ることにする．

$$F = \sum_{j=1}^{7} (W_j - M_j)^2 \tag{6.19}$$

ここで，$W_1, W_2, \cdots, W_7$ は，先に導入された補助変数で，曜日ごとに配置されるアルバイトの人数を表す．すなわち，W_1 は月曜日の人数，W_2 は火曜日の人数，…，W_7 は日曜日の人数である．また，$M_1, M_2, \cdots, M_7$ は表6.9に表示されている曜日ごとの所要人数である．実際に配置されるアルバイト人数 W_j と所要人数 M_j が完全に一致していれば，各曜日ごとに $W_j - M_j = 0$ となるから，目的式 F の値は0になる．ギャップがあるならば F の値は正の値をとり，しかもギャップが大きくなるにしたがって F の値も大きくなる．逆に言えば，目的式の値 F が小さくなればなるほど，配置されるアルバイトの人数と所要人数のギャップが小さくなる．

目的式(6.19)で，$W_j - M_j$ の2乗和をとっているのは，第2章で述べられた誤差の2乗和を最小化するのと同じ考え方に基づくものである．

6.3.3 アルバイト要員の配置問題を解く

(1) ソルバーを用いて解くための準備

ではこの問題を Excel ソルバーを用いて解くことにしよう．次の表6.12に示すワークシートはこの問題を解くための初期設定の状態を表すものである．個々の表の内容は以下のようになっている．

第6章 人の配置をどうするか

表6.12 アルバイト要員配置問題のワークシート(初期設定)

	A	B	C	D	E	F	G	H	I	J
1		(A) 変数表								
2		アルバイト	月	火	水	木	金	土	日	合計(S)
3		A	0	0	0	0	0	0	0	0
4		B	0	0	0	0	0	0	0	0
5		C	0	0	0	0	0	0	0	0
6		D	0	0	0	0	0	0	0	0
7		E	0	0	0	0	0	0	0	0
8		F	0	0	0	0	0	0	0	0
9		G	0	0	0	0	0	0	0	0
10		H	0	0	0	0	0	0	0	0
11		合計(W)	0	0	0	0	0	0	0	0
12										
13		(B) アルバイトの都合を示す								
14		アルバイト	月	火	水	木	金	土	日	可能日数
15		A	1	1	1	1	1	1	1	7
16		B	1	1	0	0	1	1	0	4
17		C	1	0	1	1	1	0	1	5
18		D	0	0	1	0	1	1	1	4
19		E	0	1	0	1	0	1	0	3
20		F	1	1	0	0	0	1	1	4
21		G	1	0	1	0	1	0	1	4
22		H	0	0	1	1	0	1	1	4
23		可能人数	5	4	5	4	5	6	6	35
24										
25		(C) 曜日別所要人数および差の2乗表								
26		項目	月	火	水	木	金	土	日	
27		合計(W)	0	0	0	0	0	0	0	
28		所要人数(M)	3	3	3	4	4	4	5	合計
29		差の2乗	9	9	9	16	16	16	25	100
30										
31		(D) 目的式								
32		目的式の値	100	(最小化)						
33										

(A) 変数表

この表の網かけの部分が変数 X_{ij} の値が入るセルである．はじめは値はすべて0となっている．この表の"合計(S)"欄の下側の8つのセル J3, J4, …, J10に各アルバイト要員の働く日数，すなわち(6.15)式で導入された補助変数 $S_1, S_2, …, S_8$ の値が入る．また，"合計(W)"欄の右側7つのセル C11, D11, …, I11には，曜日ごとのアルバイトの人数を表す補助変数として(6.16)式で導入された $W_1, W_2, …, W_7$ の値が入る．

(B) アルバイトの都合を示す表

これは表6.10の○と×をそれぞれ1と0の値に代えたものである．すなわち，この日にアルバイト要員の都合がよければ，この欄に1が入っている．この表を用いて制約条件の設定を行う．

(C) 曜日別所要人数および差の2乗表

この表の第28行に表6.9の所要人数が入っている．また，"差の2乗"を表す行（第29行）に曜日ごとにアルバイト要員の人数 W_j と所要人数 M_j の差の2乗 $(W_j - M_j)^2$ が入る．なお，この表の第27行には，第11行に入っているものと同じものが重複して入っている．

(D) 目的式

この問題の目的式(6.19)の計算値がC32に入る．具体的にはセルC29～I29の合計が入る．はじめの段階では，この目的式の値は大変大きい値である100が入っている．ソルバーではこの値を最小化する解を求めることになる．なお，見やすくするためにJ29にもC32と同じものが入っている．

(2) ソルバーの設定

表6.12に示す初期設定ワークシートにてソルバーを用いる．ソルバーの設定は次のように行う．

表6.13　ソルバーダイアログの設定

目的セル	C32
目標値	最小値
変化させるセル	C3:I10
制約条件：	C3:I10＝整数
	C3:I10＞＝0
	C3:I10＝＜C15:I22
	J3:J10＞＝3

この設定で，C3:I10＝＜C15:I22は，制約条件式(6.17)を表している．すなわち，各アルバイト要員がその曜日に働くか否かは，表6.10に示すアルバイト要員の都合による制限を受けていることを表すものである．また，J3:J10＞＝3は各アルバイト要員の働く日数を3日以上とする条件(6.18)式を表したものである．

(3) ソルバーによる解

ソルバーについて上のような設定を行い，実行した結果，次の表6.14に示すワークシートを得た．目的式の値として1E-22が得られている．これは 1×10^{-22} を表すから，事実上の0と考えてよい．このワークシートの(C)曜日別所要人数および差の2乗表において，

合計(W)と所要人数(M)は月曜日から日曜日まで完全に一致している．(A)変数表の網掛けの部分には0または1が入っており，変数に関して初めに設定した条件をすべて満たしている．また，セル J3～J10に示す各アルバイトの合計日数もすべて3日以上となり条件を満たしている．したがって，担当者は(A)変数表に基づいて，アルバイトの配置計画を立てることができる．

ただし，ここに得られている解が唯一のものとは限らない．たとえば，(A)変数表において，ソルバーの解では，日曜日の出勤者はA，C，D，G，Hとなっているが，Cの代わりにFが出勤するような案も制約条件はすべて満たしている解となっている．おそらく他にも条件を満たすような解が存在するであろう．表6.14で得られている解は，数多くあるかも知れない解のうちの一つである．この例のような割り当ての問題などで，ソルバーを用いて解を計算する場合には，このことを認識しておくことが必要である．

問6.4 表6.14のワークシートに表示されているように，アルバイトCのみが5日働き，他のアルバイトはすべて3日働くという解が導かれている．しかし，担当者はこの配送センターの業務に精通しているアルバイトAに4日以上働いてもらいたいと思っている．このような条件を追加してソルバーを実行し，結果を比較せよ．

問6.5 アルバイトがC，Dが一緒に働きたいと申し出ている．担当者はこの申し出を聞き入れたいと思っている．問6.4にこの条件を付加して解を求めよ．

6.4　割り当て計画問題の応用

6.1節では，前章の輸送計画問題と同じ考え方を用いて人の移動計画問題を解いた．この問題では，輸送の対象は実数値で表されるような量的なものではなくて，整数値0, 1, 2, 3, …で数えるものである．人の移動計画問題の他，個数で数えられる様々な移動計画問題がある．たとえば，レンタカー会社では週末にお客が乗り捨てたレンタカーを週明けに各営業所に再配置することが必要である．この場合には，回送コストや時間を最小にするようにして，各営業所で必要となる台数を確保するという条件の下で，レンタカーを再配置するという移動計画問題を解くことになる．

6.2節では社員を営業所に割り当てる問題，6.3節ではアルバイトを曜日に割り当てる問題を扱った．このような問題は一般には割り当て問題と呼ばれている．割り当て問題も本章で取り上げたような問題のほかに様々なものが存在する．たとえば，航空会社では飛行機をスケジュールに従って支障なく運航するためには乗務員を各便にどのように割り振ったらよいかが問題となる．大学では，教員の都合，教室等の設備条件，学生の履修上の都合などを満たすためには各科目を時間割のどこに当てはめたらよいかが問題となる．もっともこの時間割の作成問題では，一般には授業科目数が多く，また，制約条件が複雑とな

るため,計算量が膨大となり大型計算機を用いたとしても実際に解くことは難しいと言われている.

表6.14 アルバイト要員配置問題の解が求められたワークシート

	A	B	C	D	E	F	G	H	I	J
1		(A) 変数表								
2		アルバイト	月	火	水	木	金	土	日	合計(S)
3		A	0	0	1	1	0	0	1	3
4		B	0	1	0	0	1	1	0	3
5		C	1	0	1	1	1	0	1	5
6		D	0	0	0	0	1	1	1	3
7		E	0	1	0	1	0	1	0	3
8		F	1	1	0	0	0	1	0	3
9		G	1	0	0	0	1	0	1	3
10		H	0	0	1	1	0	0	1	3
11		合計(W)	3	3	3	4	4	4	5	26
12										
13		(B) アルバイトの都合を示す								
14		アルバイト	月	火	水	木	金	土	日	可能日数
15		A	1	1	1	1	1	1	1	7
16		B	1	1	0	0	1	1	0	4
17		C	1	0	1	1	1	0	1	5
18		D	0	0	1	0	1	1	1	4
19		E	0	1	0	1	0	1	0	3
20		F	1	1	0	0	0	1	1	4
21		G	1	0	1	0	1	0	1	4
22		H	0	0	1	1	0	1	1	4
23		可能人数	5	4	5	4	5	6	6	35
24										
25		(C) 曜日別所要人数および差の2乗表								
26		項目	月	火	水	木	金	土	日	
27		合計(W)	3	3	3	4	4	4	5	
28		所要人数(M)	3	3	3	4	4	4	5	合 計
29		差の2乗	0	0	0	0	0	0	1E-22	1.30E-22
30										
31		(D) 目的式								
32		目的式の値	1E-22	(最小化)						
33										

第7章 問題自体を考え直す

―発想の方法―

　第4章で求めた生産計画では，原料の使用量や生産装置の能力に制限があるときに，コーヒーブラックとコーヒーミルクという製品をそれぞれ何トン生産すると販売利益を最大にできるかという，千葉工場の生産の計画を線形計画モデルを使って求めた．そこでは，原料のコロンビアエキスを使い切っていたし，生産設備もフルに使う計画であった．しかし，需要がまだ伸びているとしたら，まだ売れるのに，もうOR社の製品は出せないということになる．それでもいいのだろうか？

　ここではそんなときに，どうやって問題を考え直すかを，次のように進めていくことで，発想の方法を学ぼう．

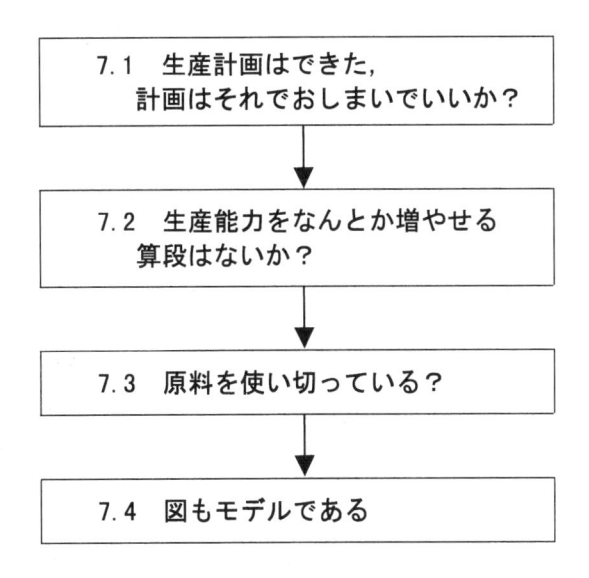

```
┌─────────────────────────────┐
│ 7.1　生産計画はできた，      │
│    　計画はそれでおしまいでいいか？│
└─────────────────────────────┘
              ↓
┌─────────────────────────────┐
│ 7.2　生産能力をなんとか増やせる │
│    　算段はないか？            │
└─────────────────────────────┘
              ↓
┌─────────────────────────────┐
│ 7.3　原料を使い切っている？    │
└─────────────────────────────┘
              ↓
┌─────────────────────────────┐
│ 7.4　図もモデルである          │
└─────────────────────────────┘
```

7.1 生産計画はできた,計画はそれでおしまいでいいか？

　第4章の4.4では，原料の使用量や生産装置の能力に制限があるときに，コーヒーブラックとコーヒーミルクという製品をそれぞれ何トン生産すると販売利益が最大にできるかという，OR社千葉工場での生産の計画を線形計画モデルを使って求めた．その最適解では，原料のうちキリマンジャロエキスには余裕があったが，コロンビアエキスは制限量を使い切っていたし，生産設備も能力いっぱいに使い切っていた．

　4.6節では求めた最適解から若干の改善を試みる考察をした．それは条件に若干の変更があるときに，最適解に従って生産する上での有益な情報を与えてくれる．ところでこのような考察の結果，これで生産計画はおしまい，でいいのだろうか？

　実はOR社製品の今の市場では，自販機は少しずつでも増えているし，店頭販売も増えつつある．それに乗じて他社からは多様な製品が最近売り出されて来ており，競争が激しくなりそうである．この市況を直視すると，OR社の生産計画で，

　　　(1) 原料を使い切っている，
　　　(2) 生産装置を能力一杯に使っている，

という状況を打破して増産していく策をひねり出さなければなるまい．

　このように今はめられている枠を取り外して新たなことを考えるには，何人かで幅広く柔軟に知恵を出し合うことが必要である．この章では，そんな方法を紹介し実際に作業をしてみる．

7.2 生産能力をなんとか増やせる算段はないか？

　上で示した2つの状況のうち，後のほうの生産装置の能力の限界を破る，あるいは生産能力を何とか増やせる算段がないかをまず考えてみる．

7.2.1 生産装置の当初の制約を天下りに鵜呑みにしていいのか？

　4.2節では，生産装置の能力は月産最大500トンと与えられ，これをそのまま鵜呑みにして計画を進めてきた．何も条件を示されずに，500トン／月とされたが，どんな条件の下での生産なのだろうか．

問7.1　読者のグループで，この数字がどんな状況のものかを推測せよ．それらの状況を破っていく策を，そしてどのようにしたらその策が実施できるかなど，思いつくままに列挙してみよ．

　読者の皆さん自身であるいは周辺の何人かで一緒に，この課題を考えて頂きたい．以下は問7.1を自分で実際に考えて試みた上で読み進まれるとよい．

第7章　問題自体を考え直す

皆さんはどのような事柄を列挙しただろうか．ここでは筆者が思いつくままのことを書き出してみる．

- 現在の制約は1日のあるいは1週間の稼働時間を何時間としての話なのだろうか？
- 作業員を増員したり，作業改善をしたり，どこかの装置の回転数を上げるとかして，能力を上げることはできないか？
- 残業したらどうか．
- 休日稼働をしたらどうか．
- 休日稼働は作業者を増やさずにできるのか，必要なら増やすことができるのだろうか？
- 残業や休日稼働のために電気も燃料も追加調達できるのか？
- それらの追加の費用を出せる金繰りはできるか？

7.2.2　頭の中に嵐を吹かそう

　大きな問題や，このような漠然とした問題は，一人で考えると限界があるので，大勢で考えたほうがいい．こんなときに，集まった人達が連鎖的にどんどん発言していくことで刺激されて新しいアイディアを生み出していく方法がよく使われる．頭の中に嵐を吹かせて新発想を産むというので**ブレインストーミング**と呼ばれる．

　効率的にブレインストーミングをするには，いくつかの注意がいる．(1)まず声の大きさではなく誰もが発言できるように，最初は出席者に順番に，思いついたことをひとつずつ言ってもらい，何回かまわす．(2)質より量を尊ぶ．連鎖反応的に意見が出ていいアイディアが生まれる可能性が増える．(3)大事なルールは，他の人の意見を否定する発言は禁止することである．

　これらの発言は言いっぱなしに終わらないように，すべての発言をポストイットの大判のカードにマーカーで書いておく．そして，ホワイトボードの上や，テーブルの上にひろげた模造紙の上にカードを貼り付け，似た者同士のカードをグループにまとめて新たなタイトルを付けたり，各カードやグループの間に関係があったら線で結んだりしていく．

　このように整理して，問題の構造を明らかにしたり，解決の策を求めていく方法に，KJ法とか親和図法とか関連図法とかがある（本書の終わりの参考文献を参照されたい）．

7.2.3　何とか図に書いてみる

　問7.1で示された事柄，あるいはブレインストーミングで出て来たアイディアを書いたカードは，そのままでは，それから新たな発想をしたり策を考えるという段階にはなかなか進み難い．出て来たアイディアや発言を視覚的に見やすく整理して，それを見ながら考えるのがいい．

問7.1では,「生産装置を能力一杯まで利用している」という状況から,「生産能力を増やすには」という問題を考え始めた．その問題にたいする疑問や方策で思いついたものにそれぞれに何らかの関係があるので,挙げた項目と関係を図にして見る（図7.1）．このような図は,**関連図**とか**要因関連図**と呼ばれている.

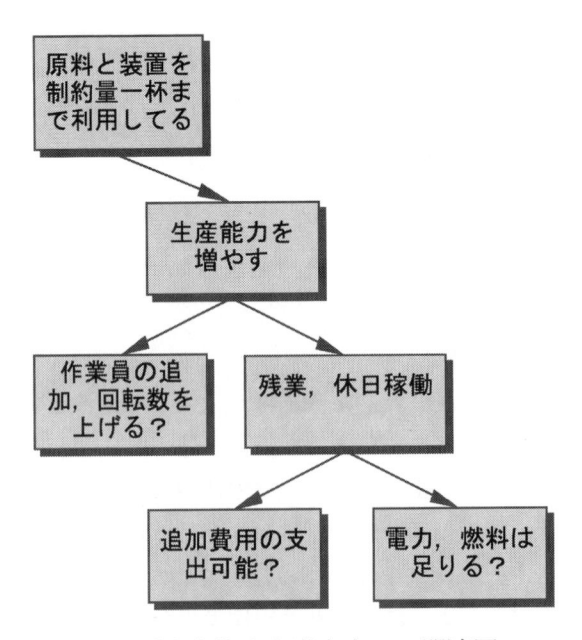

図7.1　「生産能力を増やす」の関連図

こうして図にしてみると,他にもまだまだ考えられることがあることに気がつく．それが図に書いてみる利点でもある.

図7.1のようなものは,ワープロソフトでも書けるが,本章で使っているような方法を援助してくれる（巻末の参考文献に挙げたような）ソフトを使うと一層便利である．実は上の図はその一つを利用して描いた.

問7.2　ここまで「生産能力を増やすには」に関する関連図を考えてくると,この図にはまだ書かれてないのだが,考慮しないといけないことがあることに気が付いてこないだろうか．図7.1に書き加えてみよ.

7.2.4　生産能力って何だろう？

さてこれまで「生産能力を増やすには」という問題を考えて来たが,一体「生産能力」とは何を意味するのだろう．「生産」という言葉に引きづられて,工場で何をいくら作れ

るかということと考えてはいないだろうか．自社で生産することだけを考えがちだが，改めて考えてみよう．この場合には市場が少しでも伸びつつあるから，生産しただけ売れていく可能性が高い．ということは，

$$生産能力＝自社で生産できる数量$$

と考えるよりは，

$$生産能力＝自社からの製品の出荷量$$
$$あるいは自社ブランドの製品の売上げ数量$$

と，範囲を広げて考えるべきではなかろうか．

問7.3 生産能力を増やすことを，自社のブランドの製品出荷量を増やすことと考えると，ＯＲ社ではどんな策を取れるか考えて，新たに関連図を書くか，これまでの関連図に書き加えて修正してみよ．

7.3 原料を使い切っている？

第4章の結果では，「原料のひとつを使い切って」生産をするのが最適ということになった．需要は堅調，競争は激化する，というのに，「原料を使い切っている」からこれ以上生産できないというだけでは済むはずがない．売上げは低下しなくても，需要が増えた分を他社に取られて，そのうち全需要に対する自社のシェアが落ちてくる恐れがある．ではどうしたらよいだろうか？

会社全体の売上げを増やすために，この限界をどう破るか，という見方で解決策を考えられないだろうか．

問7.4 原料の制約を克服する策を考えて，関連図を書いてみよ．

4.6節では原料のコロンビアエキスの仕入れを50％増やすことの意味などを考えた．もし，現在使っている原料の仕入量が，別の仕入先を考えてもある程度以上増えないとしたらどうしたらよいだろう．代用の原料も考えられるが，それも足りなければ，現在の原料の配合割合が維持できず，今の製品の生産量に本当に限界が来てしまう．そのときはどうしたらいいのだろう．市場の製品に対する好みや，資金繰りも問題になって来るようだ．

7.4 図もモデルである

第6章までは，問題の中の量的な関係を表現したり，最適な計画を求めるために数学的なモデルを使った．性格は大分異なるが，この章で書いた要因関連図なども「モデル」と言える．これは，問題の質的構造を，すなわちどんな要因が問題に絡んでいるかとそれら

の要因の間の関連を図で表現することによって,問題の性質や構造がより明確に理解できるようになり,その図の上で問題の本質を探したり要因の間の関連を知って,解決の策を探そうとするもので,問題自体の雛形としてのモデルなのである.

このような図によるモデルも数学モデルと同じように,ある問題に対していったんモデルを作れば,それですむのではなく,条件の変化に応じて,あるいは新たな問題点に応じて手直しをしたり,作りなおしたりすることが必要で,それによってあらたな発見や改善に結びつけることができるのである.

第8章 望ましい案はどれか

―ＡＨＰの利用―

　前章では原料の使用量と生産装置の能力の制限を打破する策を考えて来た．さらにＯＲ社内で検討した結果，製品の出荷を増やして売上げを拡大する策として，4つの案に絞って検討を加えることになった．この章では，その4つの案のどれがＯＲ社にとって望ましいのだろうかを考える．

　いくつかの案の中から選択して選ぼうとするときに，原料の調達を優先するとそのための資金に縛られるといったように，相反する評価の基準があって戸惑うことが多い．ここでは，そのように相反するものもある複数の条件のもとで複数の候補の案を評価したり選択したりするという類の意思決定の問題の考え方と，複雑な意思決定をする上で役にたつ**階層化意思決定法**（ＡＨＰと呼ばれている）の概要を説明する．

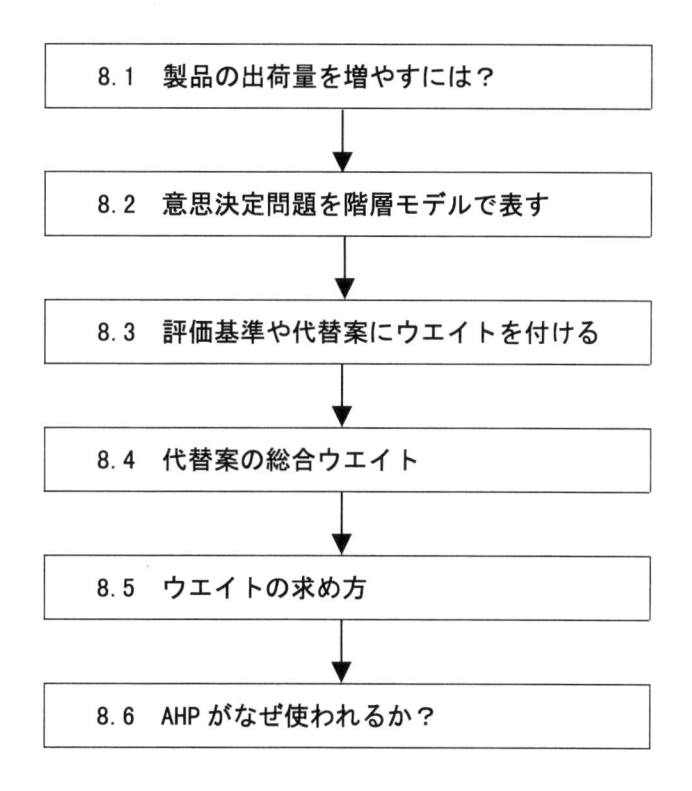

```
┌─────────────────────────────┐
│ 8.1  製品の出荷量を増やすには？      │
└─────────────────────────────┘
              ↓
┌─────────────────────────────┐
│ 8.2  意思決定問題を階層モデルで表す  │
└─────────────────────────────┘
              ↓
┌─────────────────────────────┐
│ 8.3  評価基準や代替案にウエイトを付ける│
└─────────────────────────────┘
              ↓
┌─────────────────────────────┐
│ 8.4  代替案の総合ウエイト            │
└─────────────────────────────┘
              ↓
┌─────────────────────────────┐
│ 8.5  ウエイトの求め方                │
└─────────────────────────────┘
              ↓
┌─────────────────────────────┐
│ 8.6  AHP がなぜ使われるか？          │
└─────────────────────────────┘
```

8.1 製品の出荷量を増やすには？

ＯＲ社ブランドの製品の出荷量を増やすための方策はいろいろ考え出された．そして最終的に検討することになった案は４つで，そのポイントは以下のようである．

(1) 原料を追加購入する：第４章の生産計画では使い切ることになるコロンビアエキスと，余裕はあったがキリマンジャロエキスも追加仕入れをする．

(2) 稼働時間を残業や休日稼働で延長する：これにより作業者の増員が必要になるかもしれない．労務費だけではなく，原料を増やす必要もあるなど，他の経費も増える．

(3) 社外に生産委託する：社外から製品になったものを仕入れることで生産能力の不足を克服して自社の容器に詰めて出荷する，あるいは製造から包装，出荷までをすべて外部委託してＯＲ社のブランドで売る．この方法では社内の生産能力不足と原料調達難の両方を解消できる．

(4) 新製品を開発・生産する：不足している原料を使わずに，新たに豊富に仕入れることができる原料を使用する製品を売り出す．

8.2 意思決定問題を階層モデルで表す

上のように間口を広げてみたら，だいぶ複雑になってきて，どう考えていいか戸惑ってしまう．単に残業や休日稼働といっても，作業者が余分な時間働くというだけではなく，原料や，エネルギーや資金やいろいろな事柄も関係する．

このように意思決定の問題では，
- いろいろな方策があるけど，
- その方策を選ぶための評価の基準が多く，しかも
- 相反するものもある，

ということで複雑になっていることが多い．実際にこの会社では，評価の基準として次のような項目が挙がっている．

(1) 資金調達
(2) 原料のやりくり
(3) 作業員の確保
(4) ＯＲ社の販売力

これらの内容は表8.1の通りである．

第8章 望ましい案はどれか

表8.1 「製品出荷量を増やす」ための方策選択の評価基準

---
(1) **資金調達**：ＯＲ社では短期的なやりくりは比較的楽にできるので，原料の追加購買や時間外稼働の労務費や諸経費をまかなうことはほとんど問題ない．ただ少し長い期間や高額の投資になると銀行などからの融資を受けなければならず，時節柄あまり高額の資金は借り難い．

(2) **原料のやりくり**：この会社の製品の原料は輸入に頼るので短期間で増やすのはきつく，現在以上の量になると代替品や半製品を仕入れることでやりくりする．ただ，原料の仕入れ元の関連会社に製造を委託するとこの問題を回避できる．つまり，こちらで原料の手配まで考えなくて済む．

(3) **作業員の確保**：時間外や，休日稼働のために若干の臨時，あるいはパートタイムの人員追加の余裕はある．しかし，生産量の変化に応じて従業員を減らすことは難しいし，正社員の追加採用も難しい．

(4) **ＯＲ社の販売力**：新しい製品を導入するためには販売網が充実していること，販売促進員の実力が高く新製品の売り込みがしやすいことが必要がある．その点での問題は少ない．

この種の問題では状況を，

　　　　問題　──　評価基準　──　方策の代替案

の3つの層に分けて，図8.1のように**階層図**に描いてみると把握しやすくなる．

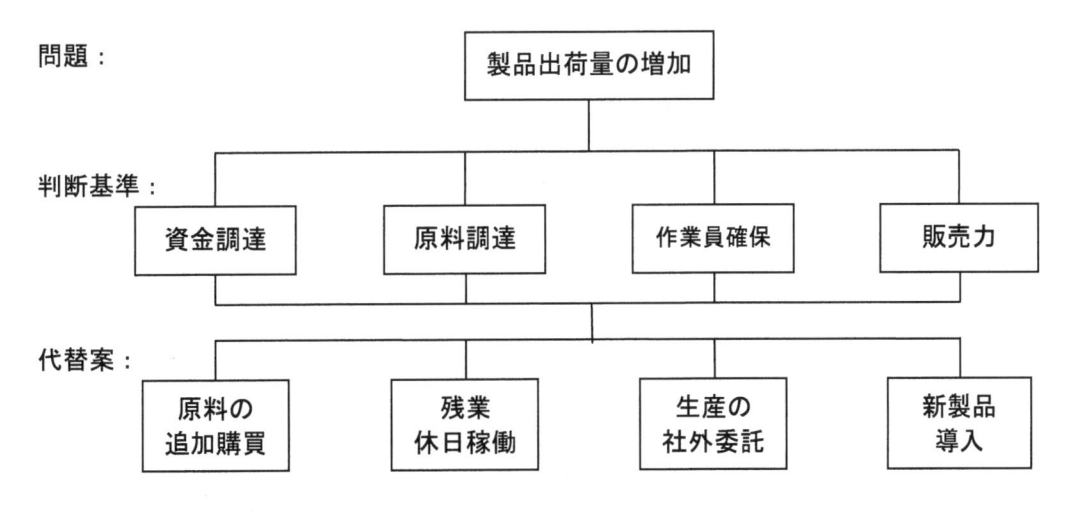

図8.1 「製品出荷量を増やす」問題の階層図

このように，複数のしかも互いに反するような性格の評価基準あるいは判断基準のもとで，複数の候補の中からひとつを選択するという形の意思決定の問題や，いくつかの要素に重みをつけて予算を配分するための評価をするという類の問題は，あちこちで見られる．

実際にＯＲ社内で抱えているいくつもの課題もこの方法で検討して来た．例えば，新製品の容器は何を使うかとか(図8.2)，新たな支店をどんな基準でどこに設けるか(図8.3)などの検討をした階層図を示しておく．

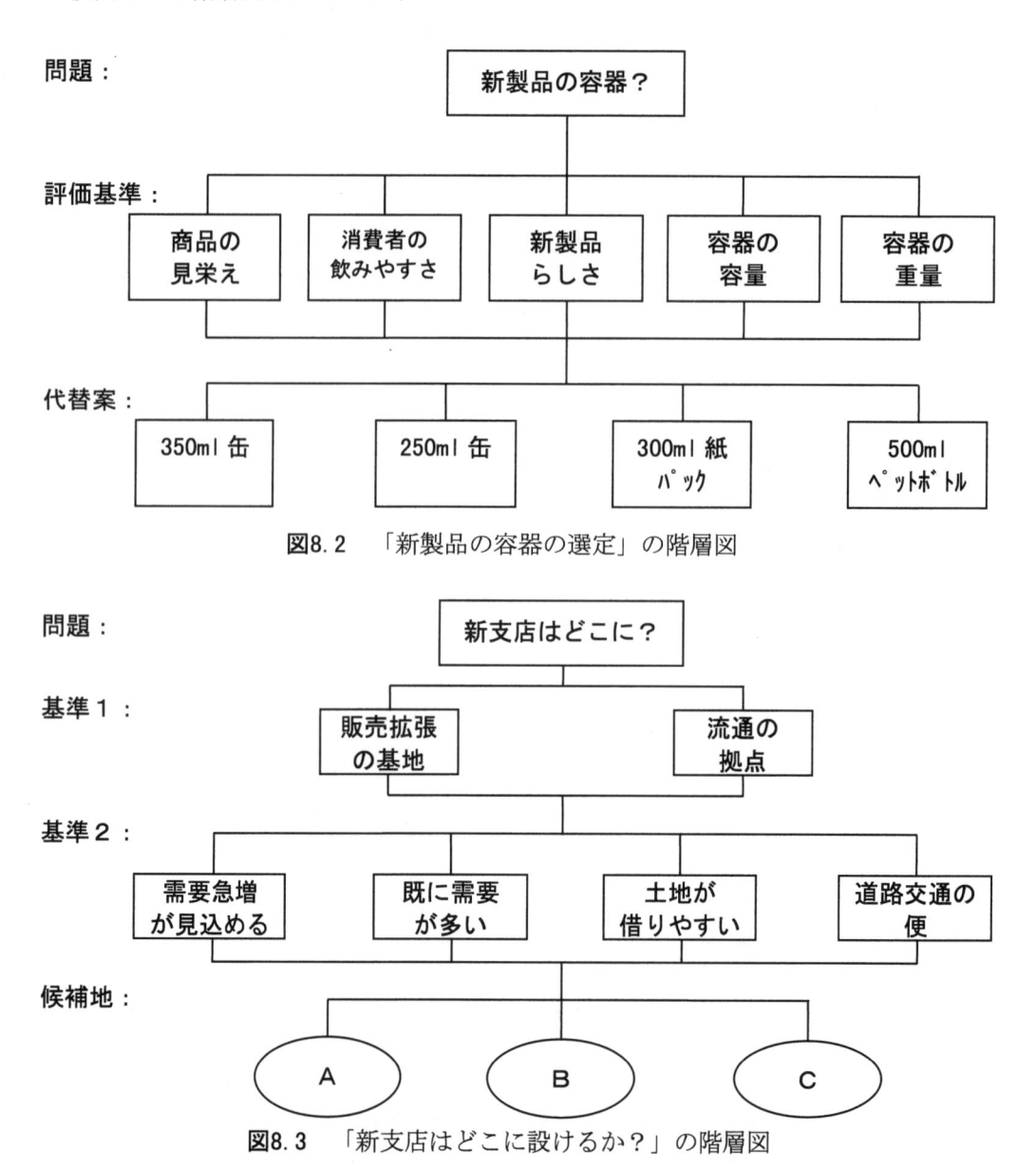

図8.2 「新製品の容器の選定」の階層図

図8.3 「新支店はどこに設けるか？」の階層図

第8章 望ましい案はどれか

問8.1 自分の周辺の問題を見つけて，階層図をつくれ．

　意思決定の問題では必ず意思決定者がいるわけで，一見同じような問題でも意思決定者が違うと評価の基準や階層図も違って来る．例えば家庭の中で自動車を買うときに，一家の主人が買うのか主婦が買うのかでは，目的や用途が違うだろう．また主人が買うにしても，通勤のために買うのか，レジャーのために買うのか，両方を兼ねるのかでは，評価の基準も，代替案も違うだろう．したがって同じ意思決定者でも目的が異なれば階層図も違ってくる．

問8.2 自分が作った問8.1の階層図について，意思決定者は誰であるか，決定の目的は何であるかを，上の事柄を参考にして見直してみよ．

8.3　評価基準や代替案にウエイトを付ける

　図8.1の階層図では，一番上の「製品出荷量の増加」のためには，3層目の代替案のどれを選んだらよいかの指標として，4つの代替案に何か点数が付けられると便利である．
　AHPは最上位の層の問題から見て，最下層の代替案に**重み（ウエイト）**を付ける方法である．そのためにはまず，最上位から見た評価基準の重要さを示す重みを付ける．ここでは4つの評価基準に次のようなウエイトを与えた：

資金調達	原料追加難	作業員確保	販売力	
0.479	0.079	0.172	0.269	(8.1)

ウエイトはわかりやすいように全部を加えると1になるようにしてある（四捨五入による誤差はあるが）．だから，「資金調達」はこの問題全体の中で47.9パーセントの重要さを持っていると考えてよい．このウエイトをどのように決めるかがAHPのミソであるが，ちょっと面倒なので後に廻して8.5で説明する．
　評価基準が仮に「資金の調達」だけしかないとしたときの4つの代替案の重要さを示そう．すべてを加えると1になるウエイトは，上と同じ方法で決めて，次のようになったとする：

原料追加	残業・休日	社外委託	新製品導入	
0.343	0.397	0.179	0.099	(8.2)

同じように他の3つの評価基準それぞれひとつだけのもとで，4つの代替案を比べて得たウエイトを，表8.2にまとめておく．

表8.2 評価基準ごとの代替案のウエイト

	資金調達	原料追加難	作業員確保	販売力
原料追加	0.343	0.122	0.114	0.203
残業・休日	0.379	0.078	0.197	0.144
社外委託	0.179	0.609	0.595	0.464
新製品導入	0.099	0.191	0.094	0.189

8.4 代替案の総合ウエイト

各代替案の重要さを表すウエイトはどのように求めるのであろうか．表8.2で代替案の各行の4つの数字を単純に横に加えると次のようになる：

原料追加	残業・休日	社外委託	新製品導入	
0.782	0.798	1.847	0.573	(8.3)

これは，4つのすべての評価基準が同じ程度に重要であるときの各代替案の重要さを示すウエイトである．しかし，4つの評価基準は(8.1)のように重要度が違うのであるから，これを問題の「製品出荷量の増加」に関して評価した4つの案のウエイトと考えることはできない．各評価基準のウエイトの違いを考慮するには，ではどうしたらよいだろうか．表8.2で，例えば「原料追加」のウエイトを横に加えるときに，それぞれの評価基準のウエイトを掛けてから和をとると，ウエイトの大きさを加味できる．これを**総合ウエイト**と呼ぶ．他方，表8.2のウエイトのように，階層図のすぐ上の層の要素からみたウエイトは**局所ウエイト**と呼ぶ．そこで，

「原料追加」の総合ウエイト
$$= 0.343 \times 0.479 + 0.122 \times 0.079 + 0.114 \times 0.172 + 0.203 \times 0.269$$
$$= 0.248 \tag{8.4}$$

エクセルのワークシートの上では表8.2の最上段に評価基準のウエイトを書き，右の欄外に代替案の総合ウエイトを書けるようにして表8.3を作る．原料追加の行の総合ウエイトのセルに上の式に当たるものを入れておいて，それをその下の3つのセルにコピーすると，表8.3の右端の列のように総合ウエイトが求められる．改めて書き出しておく：

原料追加	残業・休日	社外委託	新製品導入	
0.248	0.261	0.361	0.130	(8.5)

この結果から社外に委託することが36パーセントの重みで最も有利と判断できる．

第8章 望ましい案はどれか

表8.3 総合ウエイトの計算

評価基準のウエイト→	0.479	0.079	0.172	0.269	
	資金調達	原料追加難	作業員確保	販売力	総合ウエイト
原料追加	0.343	0.122	0.114	0.203	0.248
残業・休日	0.379	0.078	0.197	0.144	0.261
社外委託	0.179	0.609	0.595	0.464	0.361
新製品導入	0.099	0.191	0.094	0.189	0.130
				計→	1.000

8.5 ウエイトの求め方

では，評価基準のウエイト(8.1)や，各評価基準のもとでの代替案のウエイト(表8.2)は，どのように求めるのであろうか．

4つの評価基準のウエイトが何らかの方法で求められればいいとすると，もし4つではなく2つしか案がなかったら7：3とか0.7と0.3というように重要さの比較判断が容易にできるだろう．そこで4つを一度に比べずに，4つのうち2つずつを比べてみる．つまり**一対比較**をする．4つから2つずつ(1対)を比べる組み合わせは(4×3)/2＝6対ある．

そのためには，4つのうちの2つずつを選んで，一方と比べて他方がどの程度重要かを比較判断し，表8.4の左の言葉の尺度で表現しそれに対応する重要度の基準尺度の数値を，表8.5のような表にする．例えば，「資金調達」は「原料追加難」と比べると「かなり重要である」と判断されるので，5とした．逆に「原料追加難」を「資金調達」と比べたものは，上の比較で得た数値の逆数1/5と決める．各判断基準を自身と比べると「同程度の重要さ」であるということにして，1をこの表の主対角要素に入れる．表8.4の1から9の2刻みの尺度を使うが，3と5の中間程度なら4という中間値を使ってもよい．このように評価基準の2つの組み(対)のすべてを比べて作った表8.5を**一対比較行列**と呼ぶ．

表8.4 一対比較の基準尺度

j に比べて i は	→	重要度
同程度に重要	→	1
やや重要	→	3
かなり重要	→	5
非常に重要	→	7
圧倒的に重要	→	9
上の中間値を用いてもよい． 自分自身との比較に対しては重要度を1とする． i と比べた j の重要度は，j と比べた i の重要度の逆数とする．		

表8.5 評価基準の一対比較表

	資金調達	原料追加難	作業員確保	販売力
資金調達	1	5	3	2
原料追加難	1/5	1	1/3	1/3
作業員確保	1/3	3	1	1/2
販売力	1/2	3	2	1

　この一対比較行列から，4つの判断基準のウエイトを求めたい．ここでは，表8.5の各行にある4つの数値の何らかの平均値を出して各判断基準のウエイトにすることを考えよう．平均と言っても算術平均ではなく4つの数値の**幾何平均**をとる．n個の値の幾何平均とは，そのn個の値の積のn乗根である．表8.5の資金調達の行では，1, 5, 3, 2の4つの数値の幾何平均は，この4つの数の積 $1 \times 5 \times 3 \times 2 = 30$ の4乗根2.340である．

　(すなわちこの2.340を4回掛け合わせた(4乗)30である．n個の数値の幾何平均は，そのn個の数値の積のn乗根である．Excelを使うときは，n個の数値 $a_1, a_2, \ldots, a_n$ のn乗根は，このn個の数値の積の$1/n$乗であることを利用する．すなわち

$$\sqrt[n]{a_1 a_2 \cdots a_n} = (a_1 a_2 \cdots a_n)^{1/n} \tag{8.6}$$

であるが，Excelでは累乗を＾で示すので，

$$(a_1 a_2 \cdots a_n)\verb|^|(1/n) \tag{8.7}$$

の形の式で幾何平均を計算できる．)

　表8.6(112ページの最上段の表)では
　　セルF5に＝B5*C5*D5*E5，セルG5に＝F5＾(1/4)
を入力して，これをF, G列の6-8行にコピーする．これで4つの評価基準に対する幾何平均は表8.6のセルG5-G8のように，

$$\quad 2.340 \quad 0.022 \quad 0.841 \quad 1.316 \tag{8.8}$$

となる．これらを4つの判断基準のウエイトとしてもよいが，4つのウエイトの和が1の方が使いやすい．そこで，この4つの数の合計値4.883で，それぞれの数を割って，表8.6の右端のH列の

$$\quad 0.479 \quad 0.079 \quad 0.172 \quad 0.269 \tag{8.9}$$

を判断基準の重要度(ウエイト)として使う．(このときセルH5には＝G5/G9ではなく，G9には絶対表示を使って＝G5/$G$9と入れたうえで，これをH6からH8までにコピーしないと

いけないことに注意．）

　なぜ幾何平均を使うのだろうか．表8.5の第1行には，資金調達の各判断基準との重要さの比較が，比の形の1:1　1:5　1:3　1:2の右側の数値を並べて示されている．この4つの比の平均を出して1：(4つの数値の平均)としたいのである．このときたとえば2と8の幾何平均（$\sqrt{2\times 8}=\sqrt{16}=$）4は，(2:4)＝(4:8)であるから，2つの比1:2と1:8の平均とよぶのに相応しい．しかし算術平均（(2+8)／2＝）5は，(2:5)≠(5:8)であるから，比としては不適切であろう．

　このようにして，評価基準のウエイトを求めるための一対比較の結果とウエイト計算，各評価基準のもとでの代替案の一対比較をして作った表と幾何平均でウエイトを求めるExcelの表を，表8.7の(a)−(d)（112ページ）に出しておく．ここでは，逆数は1/3のように入力はするが，小数の形で0.333のように表示されている．この(a)から(d)の表のウエイトをまとめたのが表8.2, 8.3であった．

問8.3　問8.1で作った（あるいは問8.2で修正した）階層図について，代替案の総合ウエイトを求めよ．

8.6　AHPがなぜ利用されるか？

　意思決定の問題には，直感的にはある程度把握できているのに，その妥当性が示し難い場合があるが，AHPではまず問題を階層構造に分解することで問題をわかりやすくしている．これまでに見たように，AHPでは，また数量化が難しい経験や直感に基づく判断を扱えるので，8.2で示した事例ばかりではなくかなり広範囲の分野での意思決定の支援に使われており，参考文献にもそれらの一部が示されている．

　複雑になる重要性の判断を，階層図の上でいくつもある評価基準を，ひとつの評価基準だけに注目して，しかもその下で多数の代替案をいっぺんに比べずに一対ずつ（2つずつ）比べるという単純化をして決定のメカニズムがわかりやすく見える形で進めるようにしていくことも，この方法での特徴である．その結果，多くの要素があっても，全体が理解しやすくいわば透明度が高くなるので，広く利用されやすい．

　上の問題で総合ウエイトが表8.3のように求められたが，わかりやすく図示すると図8.4のようになる．これは(8.4)の中央の式の各項を表8.8のように計算してグラフの形になおしたもので，代替案の総合ウエイトの構成を知ることもできる．

　図8.4から，各代替案の総合ウエイトで，どの評価基準が効いているかがよくわかる．この図を見ると，もし資金の調達があまり問題ではなくなって来ると，下の2つの方策の総合ウエイトは小さくなってきそうなことがわかる．

OR社の売上げを増やす策の検討

表8.6 評価基準のウェイト

	資金調達	原料追加難	作業員確保	販売力	積	幾何平均	ウェイト
資金調達	1	5	3	2	30.000	2.340	0.479
原料追加難	0.2	1	0.333	0.333	0.022	0.386	0.079
作業員確保	0.333	3	1	0.5	0.500	0.841	0.172
販売力	0.5	3	2	1	3.000	1.316	0.269
				計→		4.883	1.000

表8.7 各評価基準の下での代替案のウェイト

(a) 資金調達

	原料追加	残業・休日	社外委託	新製品導入	積	幾何平均	ウェイト
原料追加	1	1	3	2	6.000	1.565	0.343
残業・休日	1	1	3	3	9.000	1.732	0.379
社外委託	0.333	0.333	1	4	0.444	0.816	0.179
新製品導入	0.5	0.333	0.25	1	0.042	0.452	0.099
				計→		4.565	1.000

(b) 原料追加難

	原料追加	残業・休日	社外委託	新製品導入	積	幾何平均	ウェイト
原料追加	1	2	0.2	0.5	0.200	0.669	0.122
残業・休日	0.5	1	0.2	0.333	0.033	0.427	0.078
社外委託	5	5	1	5	125.000	3.344	0.609
新製品導入	2	3	0.2	1	1.200	1.047	0.191
				計→		5.486	1.000

(c) 作業員確保

	原料追加	残業・休日	社外委託	新製品導入	積	幾何平均	ウェイト
原料追加	1	0.333	0.2	2	0.133	0.604	0.114
残業・休日	3	1	0.2	2	1.200	1.047	0.197
社外委託	5	5	1	4	100.000	3.162	0.595
新製品導入	0.5	0.5	0.25	1	0.063	0.500	0.094
				計→		5.313	1.000

(d) 販売力

	原料追加	残業・休日	社外委託	新製品導入	積	幾何平均	ウェイト
原料追加	1	1	0.333	2	0.667	0.904	0.203
残業・休日	1	1	0.333	0.500	0.167	0.639	0.144
社外委託	3	3	1	2	18.000	2.060	0.464
新製品導入	0.5	2	0.5	1	0.500	0.841	0.189
				計→		4.443	1.000

表8.3 総合ウェイトの計算

	評価基準のウェイト→				
	0.479	0.079	0.172	0.269	
	資金調達	原料追加難	作業員確保	販売力	総合ウェイト
原料追加	0.343	0.122	0.114	0.203	0.248
残業・休日	0.379	0.078	0.197	0.144	0.261
社外委託	0.179	0.609	0.595	0.464	0.361
新製品導入	0.099	0.191	0.094	0.189	0.130
				計→	1.000

なお一対比較行列から各要素のウエイトを求める本章で示した方法は，実は簡略に実施できる近似的な方法だがかなり使われている．正確に求める方法は参考文献を見ていただ

表8.8　代替案の総合ウエイトの構成

評価基準のウエイト→	0.479	0.079	0.172	0.269	
	資金調達	原料追加難	作業員確保	販売力	総合ウエイト
原料追加	0.164	0.010	0.020	0.055	0.248
残業・休日	0.182	0.006	0.034	0.039	0.261
社外委託	0.086	0.048	0.102	0.125	0.361
新製品導入	0.047	0.015	0.016	0.051	0.130
				計→	1.000

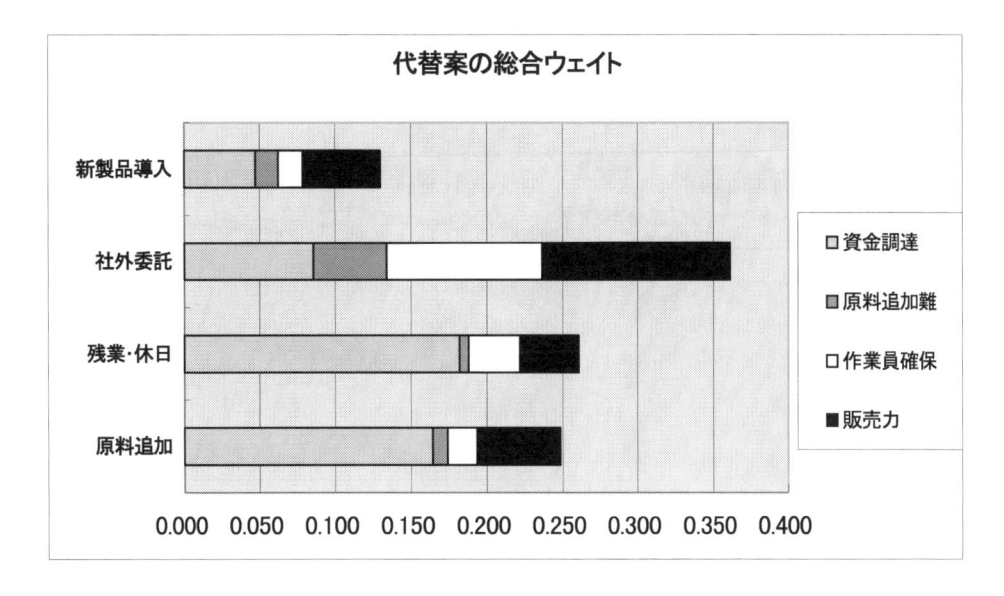

図8.4　代替案の総合ウエイトの構成

きたい．流通しているソフトの中でもそういう方法が使われている．この簡略法によるウエイトは，要素の数 n が3のときには正確な方法によるものと一致する．しかし n が3を越えるときは判断に矛盾があると，要素の順位が違ったウエイトが出てくることがある．判断の矛盾やその尺度などの説明もここでは省いているので，参考文献を参照されたい．

第9章 新規事業はうまくいくか

－採算性の検討－

　ＯＲ社では，市場分析の結果，新たな商品の分野に進出することを検討することになった．そこでこの章ではその事業の採算性を検討するための基本的考え方と方法をやや詳しく説明し，最終的には Excel を使って採算性評価のためのキャッシュフロー表と損益計算書を作り，それらを分析する．どんな問題を扱っても金銭的評価は必須であり，この章も避けることなく進まれたい．

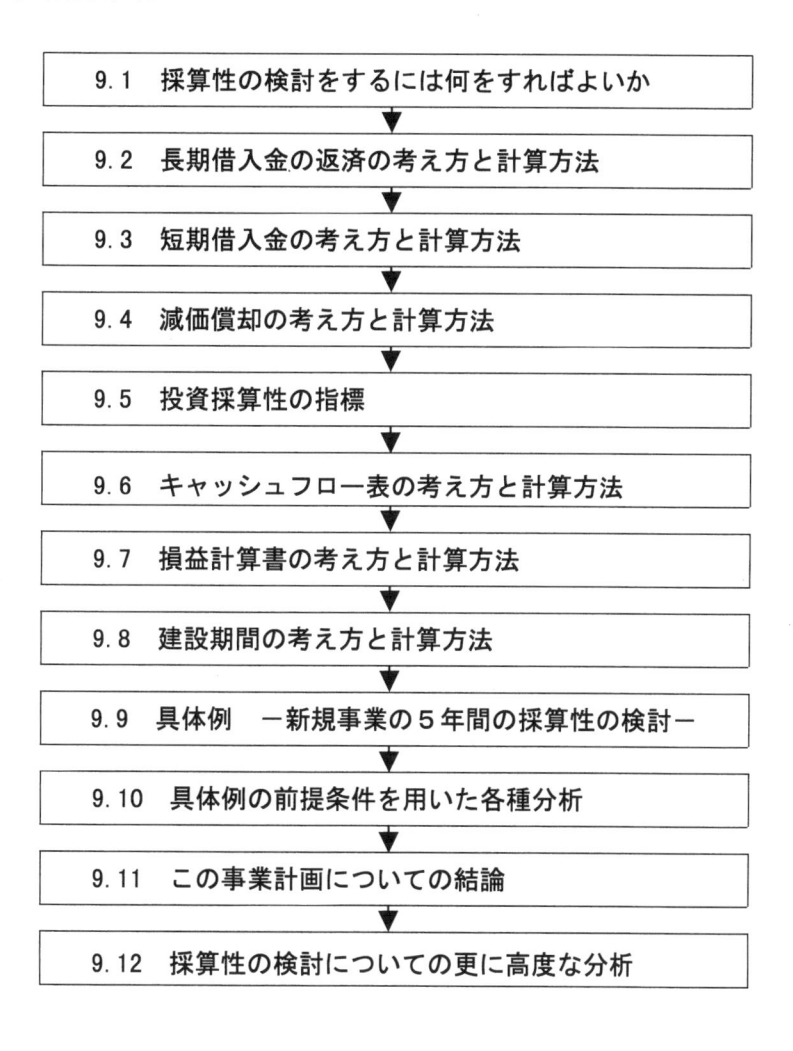

- 9.1　採算性の検討をするには何をすればよいか
- 9.2　長期借入金の返済の考え方と計算方法
- 9.3　短期借入金の考え方と計算方法
- 9.4　減価償却の考え方と計算方法
- 9.5　投資採算性の指標
- 9.6　キャッシュフロー表の考え方と計算方法
- 9.7　損益計算書の考え方と計算方法
- 9.8　建設期間の考え方と計算方法
- 9.9　具体例　－新規事業の５年間の採算性の検討－
- 9.10　具体例の前提条件を用いた各種分析
- 9.11　この事業計画についての結論
- 9.12　採算性の検討についての更に高度な分析

9.1 採算性の検討をするには何をすればよいか

9.1.1 背景

OR社では，市場を分析した結果，現在の商品構成では先行きの見通しが良くないことが問題となり，市場調査を行い消費者の求めているものを分析したところ，健康飲料の分野に進出することが良いのではないかということになった．新しい商品の製造・販売のために，別会社を設立する方向で検討することとなったが，そのためには，いくらかの投資が必要で，工場も建設し，新しい人も採用しなければならない．そこで，この事業を行うかどうかを決定するための，採算性の検討を行うことになった．

9.1.2 基本的な考え方

将来の予測については誰も確定的なことは言えないのであるが，しかしそれでも，検討しなければ決定は出来ない．実現性のある前提条件を設定し，それらの条件の下で，計算し判断しなければならない．前提条件をうまく設定し，適切な分析を行うことにより，決定のための有用な情報が得られるのである．現実の事業となると，いろいろ複雑な問題が生じてきて，それらをすべて考慮して判断したいという誘惑に駆られるが，そのようにすることは，全く不可能ではないが実際的ではない．下手をすると木を見て森を見ないことになる可能性も強い．また，与えられた時間は限られているのがふつうであり，限られた時間内で最善の分析を行うことを念頭に置かねばならない．

したがって，ここでは，ORの哲学に従い，「シンプル　イズ　ベスト」で，枝葉末節はばっさり切り捨て，重要で基本的と思われる要因のみを取り上げ，事業計画を考えてみよう．また，計算の手段として，パソコンで使える汎用の表計算ソフトウェアExcelを使って具体的にこれらの分析を行ってみる．現在では，現実の大規模な事業であっても，パソコンで十分分析が可能である．

9.1.3 何を計算するか？

事業計画を考えるに当たっては，現場を良く知れば知るほど詳細なことを考慮したくなるものであるが，そこは，ぐっとこらえて幹の部分のみを考える．まず，事業というものは，売上収入があり，原料費，人件費，事務所費などの諸費用の支払いができることが必要である．つまり，お金が回って行くかどうかを検討しなければならない．これは，お金の出入りを表す「キャッシュフロー表」を計算してみればよい．また，利益が出ることが当然求められるので，企業の損益を表す「損益計算書」を計算しなければならない．

一般的には，損益計算書のような資料は決算書として，事後報告といった意味合いで使われることが多いが，ここではむしろ積極的に，企業を表す**モデル**と考え，前提条件をいろいろ考えることによりモデルを操作し，分析に役立てようというわけである．

9.1.4 どの期間を単位として計算するか？

　現実の事業においては，1日でも資金不足が起きれば問題である．しかし，毎日のお金の動きを将来何年にもわたって推定することは不可能であるため，計算の期間の単位として，まずは1年を単位として計算すれば十分である．その後，さらに詳細に検討をする必要が生じれば，月を単位として検討するのも良いが，一般的には，分析の目的は，新規事業が基本的なところで間違っていないかどうかを検討するものであるから，あまりに詳細なところに立ち入るのは良いことではない．

9.1.5 前提条件をどうするか？

　前提条件は実現性のあるものである必要がある．また，一般的にはただ一点ではなく，最低3点を考える．つまり，楽観的な場合，中間の場合，悲観的な場合のそれぞれについて前提条件を決める．前提として与えられる数値は単なる予測ではなく，たとえば販売数量などは営業努力も加味したものでなければならない．事業計画を考えることは，未来を予測することではない．よく計画が実施に移された後で，計算通りになっているかどうかを気にする人がいるが，当初見積もった以上によい結果が出ていれば良し，もしそうでなくても，すでに実施にもっていった後は，なんとしてでも事業を成功させるべく，最善の努力をするだけである．

9.1.6 各種分析方法

　前提条件の下に「キャッシュフロー表」と「損益計算書」を計算するだけでなく，その計算モデルを基にして以下のような分析を行えば，さらに高度な意思決定のための情報が手に入る．

(1) ゴールシーキング

　目標の変数を，ある値にするためには，それに関連するある変数を幾らにしなければならないかを計算する．たとえば新商品として，商品A・商品Bを考えているとしよう．この時次のような分析ができる．

　　分析の例①：最終年の税引後利益が1000万円となるためには，商品Aの変動費は販売単価の何%である必要があるか？

　　分析の例②：繰越利益が最終年に6000万円となるためには，商品Bを初年度いくら売る必要があるか？

　　このような分析をゴールシーキングという．

(2) 感度分析

　ある要因(変数)が結果に与える影響を調べることである．たとえば，人件費と商品Aの原料費が，IRR（内部利益率：説明は9.5で述べる）に与える影響を調べるとすれば，

人件費が1％変動したらIRRが幾らになるか，商品Aの原料費が1％変動したらIRRが幾らになるかを調べ，要因(変数)の影響力の大きさを調べるのである．

この結果から，事業を行うに当たって，どの要因に注意すべきかがわかる．

(3) 最適戦略

ある条件の下で，ある項目を**最適化**(最大化，最小化)するような変数の値を求めることができる．例えば次のような例である．

　　　分析の例①：商品Aと商品Bの初年度の生産量の最大が合計で3000個の場合，初年度
　　　　　　　にそれぞれ何個販売できれば5年後の税引後利益が最大となるか？
　　　分析の例②：商品Aと商品Bの初年度の生産量の最大が合計で3000個の場合，初年度
　　　　　　　にそれぞれ何個販売できれば5年後の税引後利益が2000万円となるか？

このような分析は，すべてパソコン上の表計算ソフトウェアを使って比較的簡単に実行できる．なお，計算例については9.10で説明する．

9.1.7 キャッシュフロー表，損益計算書を計算するために必要な知識

以上述べたように，キャッシュフロー表，損益計算書をいくつかの前提条件の下で作っていくのであるが，それらを作るためには次のような知識が必要である．これらの知識がなぜ必要かについては，それぞれの節で説明する．ここでは具体的に下記の順序でそれらの考え方と計算方法について話を進めよう．それらを作成し，総合することにより，キャッシュフロー表，損益計算書が得られる．

　(1) 長期借入金返済の考え方と計算方法
　(2) 短期借入金の考え方と計算方法
　(3) 減価償却の考え方と計算方法
　(4) 投資採算性の指標
　　　① IRRの考え方と計算方法
　　　② 回収期間の考え方
　(5) キャッシュフロー表の考え方と計算方法
　(6) 損益計算書の考え方と計算方法
　(7) 建設期間の考え方

9.1.8 計算例

最後に具体的な計算例として前提条件を設定し，キャッシュフロー表，損益計算書を求めてみる．そして，①ゴールシーキング，②感度分析，③最適戦略の分析を実際に行ってみよう．

9.2 長期借入金返済の考え方と計算方法

9.2.1 長期借入金とは？

企業が事業を行っていく場合には，資金が必要である．その資金はどこから調達するかというと，一般的には自己資金と借入れということになる．借入金には，長期借入金と短期借入金がある．長期借入金とは，我が国では一般に1年以上の期間の借入れを意味し，ふつうは設備投資などに使われる．このような借入金の返済方法としてよく用いられるものに，**元金均等方式**と**元利均等方式**がある．採算性の検討を行うには，これらの返済方法の考え方を知り，返済スケジュールが計算できなければならない．

9.2.2 元金均等返済の考え方と計算方法

元金均等返済とは，文字通り，借入れた元金を均等に返済していく方式である．したがって，金利はだんだん少なくなるので，毎回の「元金＋金利」の数値は，初回が一番大きく，最後が最も小さい（図9.1）．一般に期初借入れ期末返済である．返済の間隔を幾らにするかにより，1年毎に返済するものを**年賦**，半年毎に返済するものを**半年賦**，1月毎に返済するものを**月賦**という．また，**据え置き期間**という言葉があるが，これは，元金分は返済せず，金利のみを支払えばよい期間のことであり，何も支払わなくてよい期間ではない．たとえば，100万円を年賦で5年間借り，据え置き期間1年，返済4年であれば，1年目の末に1年間の金利のみを支払い，2年目の末に1年間の金利と元金分の25万円を支払う．3年目以降も同様となる．それでは，具体的な計算例を見てみよう．

(1) 年賦の場合

100万円を元金均等返済で，年賦で5年間借りる．据え置き期間1年，返済期間4年，利率6％／年とするとき，返済スケジュールを計算してみよう．

表9.1 元金均等返済の年賦の場合の返済スケジュール

年賦		
返済方法	元金均等	
借入額	1,000,000	円
据置期間	1	年
返済期間	4	年
利率	6	%/年

(単位：円)

回数	期初残	元金分返済額	期末残	金利	総支払額
1	1,000,000	0	1,000,000	60,000	60,000
2	1,000,000	250,000	750,000	60,000	310,000
3	750,000	250,000	500,000	45,000	295,000
4	500,000	250,000	250,000	30,000	280,000
5	250,000	250,000	0	15,000	265,000
合計		1,000,000		210,000	1,210,000

ここで，期初残とは，その年のはじめの借入額を意味し，期末残とはその年の返済を終了した後の借入額である．それぞれの具体的な計算式は次のようになる．

期末残　　　　　＝　期初残　－　元金分返済額
元金分返済額　　＝　借入額　／　返済回数
金利　　　　　　＝　期初残　×　年利率

この表をグラフで示せば下図のようになる．

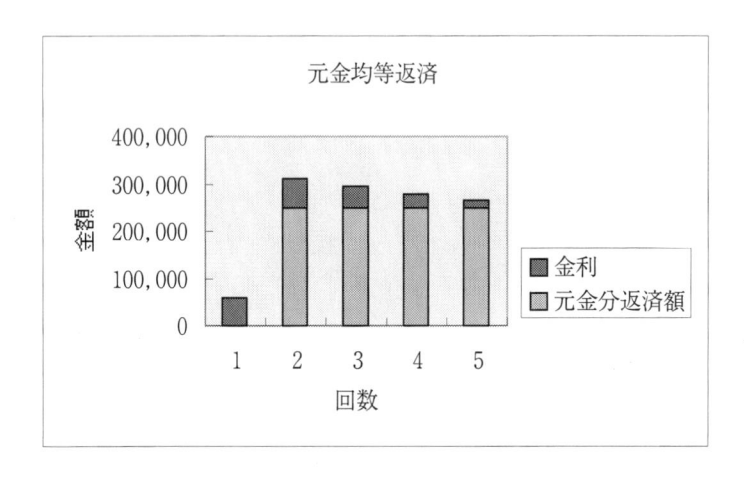

図9.1 元金均等返済の金利と返済額

(2) 半年賦の場合

100万円を元金均等，半年賦で5年間借りる．据え置き期間1年，返済期間4年，利率6％／年とするとき，返済スケジュールを計算してみよう．据え置き期間1年，返済期間4年ということは，最初の2回は金利のみを支払い，後の8回で元金を返済するということである．期初残とは，半年毎の期のはじめの借入額を意味し，期末残とは半年毎の期の返済を終了した後の借入額である．式の考え方は年賦の場合と同様である．

  期末残　　　　　＝　期初残　−　元金分返済額
  元金分返済額　　＝　借入額　／　返済回数
    （返済回数は，年2回であることに注意．）
  金利　　　　　　＝　期初残　×　半年利率（利率は，半年分でよい．）

したがって，計算結果は次のようになる．

表9.2　元金均等返済の半年賦の場合の返済スケジュール

半年賦	
返済方法	元金均等
借入額	1,000,000 円
据置期間	1 年
返済期間	4 年
利率	6 ％/年

（単位：円）

回数	期初残	元金分返済額	期末残	金利	総支払額
1	1,000,000	0	1,000,000	30,000	30,000
2	1,000,000	0	1,000,000	30,000	30,000
3	1,000,000	125,000	875,000	30,000	155,000
4	875,000	125,000	750,000	26,250	151,250
5	750,000	125,000	625,000	22,500	147,500
6	625,000	125,000	500,000	18,750	143,750
7	500,000	125,000	375,000	15,000	140,000
8	375,000	125,000	250,000	11,250	136,250
9	250,000	125,000	125,000	7,500	132,500
10	125,000	125,000	0	3,750	128,750
合計		1,000,000		195,000	1,195,000

(3) 月賦の場合

考え方は基本的に年賦の場合と同じであるが，利率が月利となる点が異なる．

問9.1　100万円を元金均等，月賦で1年間借りる．据え置き期間4ヶ月，返済期間8ヶ月，利率6％／年とするとき，返済スケジュールを計算せよ．

(4) 金利の総支払い額について

　年賦の場合の金利の総支払い額は，表9.1のように21万円で，半年賦の場合は表9.2のように19.5万円である．同じ金額を同じ年数借りてこのように違ってくる理由は，借入残が，半年賦の方が半年分早く減少するからである．月賦については，同じ借入期間であれば，金利の総支払い額はさらに少なくなる．

9.2.3　元利均等返済の考え方と計算方法

元利均等返済とは，据え置き期間を除いて毎回の総返済額(元金分＋金利分)を同じにする返済方法である．元金均等返済の場合には，毎回の総返済額(元金分＋金利分)は，返済が進むにつれてだんだん少なくなるが，元利均等返済では，最初から最後まで同一金額となる(図9.2)．元利均等返済の計算は，Excelなどを使う場合には，関数を使って簡単に計算できる．なお，元金均等返済との違いは，「毎回の総返済額(元金分＋金利分)を同じにするという点」のみにあり，金利の計算等の考え方は，元金均等の場合と同じである(つまり，期初残×借りた期間の利率)ことに注意しなければいけない．

(1) 元利均等返済の考え方

　　借入額　　　　　　　　　　　　　A
　　1期間の利率(10%なら0.1)　　　　 r
　　総返済回数　　　　　　　　　　　n
　　1回毎の総返済額(元金分＋金利)　 x

とする．

元利均等返済の構造は，第1回目のみ式で表せば，次の表のようになる．

表9.3　元利均等返済の構造

回数	期初残	元金分返済	期末残	金利	支払合計
1	A	$x-A\cdot r$	$A-(x-Ar)=$ $A(1+r)-x$	$A\cdot r$	x

　計算の順序は，同じ回につき，

　　①毎回の支払い合計
　　②金利
　　③元金分返済額　＝支払い合計　－　金利
　　④期末残　　　　＝期初残　　　－　元金分返済額
　　⑤次の回の期初残＝今回の期末残

となる．そして，「第 n 回目の期末残を０とする．」という条件を使って「x」を表す式が求められる．その式は

$$x = A \cdot r \cdot (1+r)^n / \{(1+r)^n - 1\} \tag{9.1}$$

である．

(2) 年賦の場合

100万円を元利均等返済で，年賦で５年間借りる．据え置き期間１年，返済期間４年，利率６％／年とするとき，返済スケジュールを計算すれば次のようになる．

表9.4 元利均等返済の年賦の場合の返済スケジュール

年賦	
返済方法	元利均等
借入額	1,000,000 円
据置期間	1 年
返済期間	4 年
利率	6 %/年

(単位：円)

回数	期初残	元金分返済額	期末残	金利	総支払額
1	1,000,000	0	1,000,000	60,000	60,000
2	1,000,000	228,591	771,409	60,000	288,591
3	771,409	242,307	529,102	46,285	288,591
4	529,102	256,845	272,256	31,746	288,591
5	272,256	272,256	0	16,335	288,591
合計		1,000,000		214,366	1,214,366

これをグラフで表せば次のようになる．

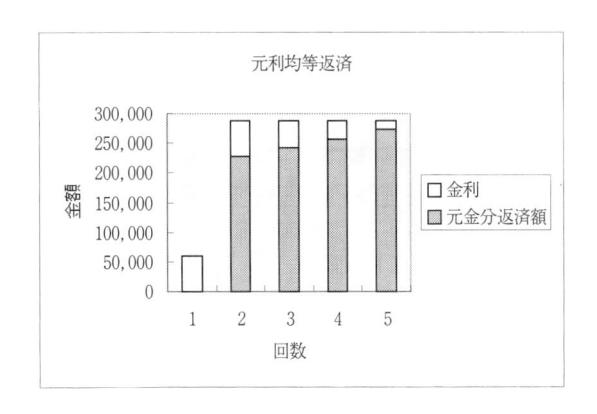

図9.2 元利均等返済の金利と返済額

同一の借入額，同一の利率，同一の借入期間で，元金均等の場合(表9.1)と，金利の総額を比較すれば，元金均等の場合が210,000円で，元利均等では，表9.4のように214,366円となった．この理由は，元金均等の方が早く元金を返済することになり，その分金利が減少するからである．半年賦，月賦の場合については，元金均等，元利均等の場合と同様，利率が年賦の1/2，1/12となるだけである．

問9.2 100万円を元利均等，半年賦で5年間借りる．据え置き期間1年，返済期間4年，利率6％／年とするとき，返済スケジュールを計算せよ．

問9.3 100万円を元利均等，月賦で1年間借りる．据え置き期間4ヶ月，返済期間8ヶ月，利率6％／年とするとき，返済スケジュールを計算せよ．

9.3 短期借入金の考え方と計算方法

9.3.1 短期借入金とは

短期借入金とは一般的に1年未満の期間の借入れを意味し，一時的に資金が足りなくなった場合に使われる．

9.3.2 短期借入金の考え方

短期借入金は，一時的に資金が足りなくなった場合に使われるということは，事業計画をたてる場合には，いつ資金が足りなくなるかということを予測しなければならないことになる．しかし，それは不可能であるので，短期借入金についてもお金の出入りを1年単位で見ることにする．つまり，1年毎に借り換えをすると考える．たとえば，次の短期借入金がある場合の金利を計算してみよう．

表9.5.1　短期借入金の借入と返済

利率： 6 % p.a.

年	1	2	3	4	5	6
返済	0	1,000	2,500	2,000	1,200	1,300
借入	1,000	2,500	2,000	1,200	1,300	1,500
金利						

この場合，1年目の短期借入金の金利は，短期借入金が最初0であったものが，1年目末に1000になったと考えて，その平均額500を1年間借りるとする．2年目の短期借入金の金利は，短期借入金が最初1000であったものが，2年目末に2500になったと考えて，その

平均額(1000＋2500)/2＝1750を1年間借りるとする．このような考えで金利を計算すれば，金利は次の表のようになる．

表9.5.2　短期借入金の金利計算

利率：　　6 % p.a.

年	1	2	3	4	5	6
返済	0	1,000	2,500	2,000	1,200	1,300
借入	1,000	2,500	2,000	1,200	1,300	1,500
金利	30	105	135	96	75	84

9.4 減価償却の考え方と計算方法

　企業は，建物や機械を購入し，それらを用いて事業を行う．購入した建物や機械の価値は，毎年減少していく．購入したものの代金は，購入したときに一度に出て行くが，損益を計算する場合には，多くの場合その年には全額を費用として算入できず，毎年少しずつ減価に相当する額を費用として処理することになる．この処理方法を**減価償却**（depreciation）という．減価償却の方法は法律で決められており，自由に決めるわけにはいかない．採算性の分析をするためには，その考え方を知り減価償却の計算ができなければならない．減価償却される額は実際には支出されるわけではないので，損益計算書には記載されるが，キャッシュフロー表には記載されない．減価償却の計算方法には，大きく分けて定額法と定率法があり，それぞれ次のような特徴がある．

9.4.1　定額法
(1) 定額法とは

　定額法とは，毎回同額を償却する方法である．毎回の償却額は以下の式で計算される．

$$償却額＝(取得価額－残存価額)÷耐用年数 \quad (9.2)$$

　　残存価額：日本においては，一般的に取得価額の10%とする．（省令による）

(2) 計算例

　1000万円の機械設備を購入した場合，法定耐用年数が5年である場合の償却スケジュールを計算してみよう．なお，残存価額は購入金額の10%とし，定額法とする．

表9.6 定額法による減価償却のスケジュール

定額法			
取得価額	10,000,000	円	
耐用年数	5	年	
残存	10	%	

単位：円

年	期初簿価	償却額	期末簿価
記号→	a	b	a-b
1	10,000,000	1,800,000	8,200,000
2	8,200,000	1,800,000	6,400,000
3	6,400,000	1,800,000	4,600,000
4	4,600,000	1,800,000	2,800,000
5	2,800,000	1,800,000	1,000,000

この表の償却額と期末簿価の値をグラフに書けば次のようになる．この後出てくる定率法の場合の数値およびグラフと比べて，その違いを認識してほしい．

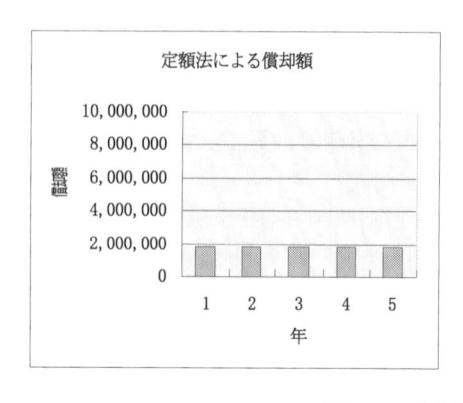

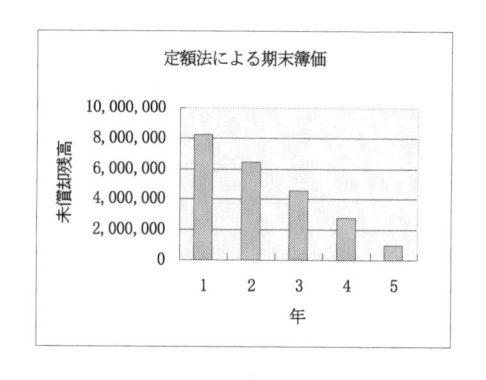

図9.3 定額法による償却額と期末簿価

9.4.2 定率法

(1) 定率法とは

　定率法とは，毎回の**償却率**（前期の簿価に対して償却する額の比率）を一定とする方法であり，以下のように計算される．

$$償却額 = 期初未償却残高 \cdot 償却率 \tag{9.3}$$

$$償却率 = 1 - (R/A)^{1/n} \tag{9.4}$$

ただし，R：残存価額　A：取得価額　n：耐用年数である．

例として$A=100$，$R=10$，$n=5$の場合の償却率を計算してみよう．

償却率rは

$$r = 1-(R/A)^{(1/n)}$$
$$= 1-(10/100)^{(1/5)}$$
$$= 0.369043$$

となる．

(2) 計算例

1000万円の機械設備を購入した場合，法定耐用年数が5年である場合の償却スケジュールを計算してみよう．なお，残存価額は購入金額の10%とし，定率法とする．

表9.7　定率法による減価償却のスケジュール

定率法

取得価額	10,000,000 円
耐用年数	5 年
残存	10 %

単位：円

年 記号→	期初簿価 a	償却額 b	期末簿価 a-b
1	10,000,000	3,690,427	6,309,573
2	6,309,573	2,328,502	3,981,072
3	3,981,072	1,469,185	2,511,886
4	2,511,886	926,993	1,584,893
5	1,584,893	584,893	1,000,000

定額法の場合と同じ取得価額と耐用年数であるが，償却額が大きく違うことがわかる．定率法の場合は初めほど償却額が大きくなっている．これをグラフに書くと次のようになる．図9.3の定額法の場合と比べてみよ．

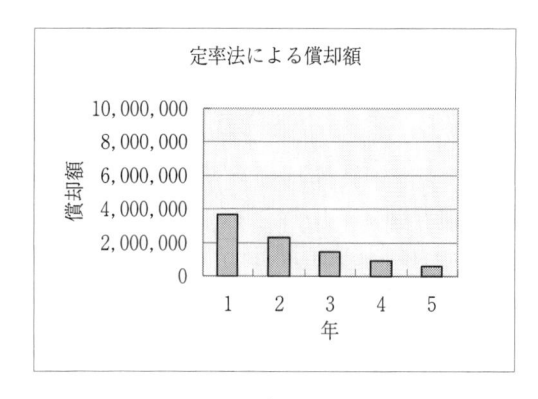

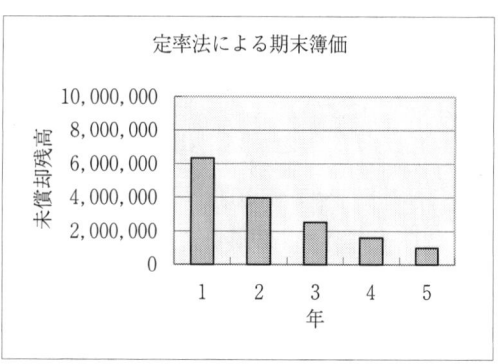

図9.4 定率法による償却額と期末簿価

取得価額，耐用年数，残存価額が同じである図9.3の定額法のグラフと見比べてその違いをよく認識せよ．

(3) 定率償却の式の導出

問9.4 定率法の償却率を求める式がなぜこのようになるかを考えよ．

(4) 取得価額，残存価額，償却率から耐用年数を求める式

さて，償却率が分かっている場合に逆に**耐用年数**を求めたい場合があるので，その式を記載しておく．導出は，定率償却の式を使って簡単にできる．なお，Excel のゴールシーキングの機能を使えば，式を使わずに同じことができる．なお，ここで，「log」は，対数を表す．

(9.4)式より，

$$n = \frac{\log(R/A)}{\log(1-r)} \tag{9.5}$$

が求められる．

ここで，R：残存価額　A：取得価額　n：耐用年数　r：償却率である．

また，ここで，$k = R/A$ と置くと，（k を残存率という）

$$n = \frac{\log k}{\log(1-r)} \tag{9.6}$$

と表すこともできる．一般的には，残存率 k が0.1であるので，(9.6)式より，償却率 r が分かれば耐用年数を逆算できる．

9.5 投資採算性の指標

企業が事業を行う場合，投資採算性が問題になる．**投資採算性の指標**としてよく使われるのは，ＩＲＲ(internal rate of return，**内部利益率**)と**回収期間**である．なお，言葉の定義を次のようにしておく．

①投資(INVESTMENT)　　　・・・投資金額
②売上(REVENUE)　　　　・・・収入
③操業費(OPERATING COST)・・・毎期支出される費用(人件費，材料費，諸経費など)．
　　ただし，金利，減価償却費，税金は含まず．
④リターン(RETURN)　　　・・・売上から操業費を引いたもの

9.5.1　ＩＲＲの考え方と計算方法

(1) 考え方

現在の手持ち額 P を利率 r の複利で n 年運用すると $P(1+r)^n$ になる．逆に n 年後の価値 S の現在の相当額は S を $(1+r)^n$ で割って求められる．これを S の**現在価値**という．この $1/(1+r)^n$ を現価率といい，r を**割引率**という．

ＩＲＲとは，投資額の現在価値の合計と，毎期のリターンの現在価値の合計が同じになるような割引率のことである．ＩＲＲが資本の利率 i より大きければその投資案を採用しても損はないことになる．投資は最初のみであるとし，第 i 年のリターンを「Ri」とする．初期投資 I とリターンの現在価値の合計が等しくなるような割引率 r がＩＲＲである．

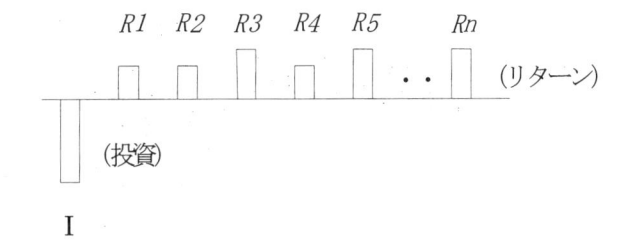

図9.5　投資とリターン

つまり，次の式が成り立つときの r がＩＲＲである．

$$I = R1/(1+r) + R2/(1+r)^2 + \cdots + Rn/(1+r)^n \tag{9.7}$$

右辺の値はリターンの値を，投資をした時点に引き戻した現在価値の合計である．
ここで $X=1+r$ と置くと

$$I \cdot X^n = R1 \cdot X^{(n-1)} + R2 \cdot X^{(n-2)} + \cdots + Rn$$

したがって，

$$I \cdot X^n - R1 \cdot X^{(n-1)} - R2 \cdot X^{(n-2)} \cdots - Rn = 0 \tag{9.8}$$

となる．これは，X の高次方程式であり，この高次方程式を何らかの方法で解けばよい．
　この方程式を解く最も原始的な方法は，「r」に適当な値を代入し，(9.8)式が0となるように試行錯誤を繰り返すことである．この方法はパソコンの表計算ソフトウェア（Excel など）を使うことにより，想像する以上に簡単に答えが求められる．（自分で一度試してみよ．）しかし，もっと簡単な方法は，Excel などで用意された関数を使うことである．
　この関数の舞台裏は，上で述べた試行錯誤を行う方法をもっとスマートにした「ニュートン-ラフソン法」と呼ばれる方法である．IRRを計算するためにExcel などの関数を使うときには，うまく答えが求められない場合がある．その場合には，関数の初期値を変えて計算し直す．なぜそうすればよいかは，「ニュートン-ラフソン法」の考え方を理解すれば自ずと納得できるだろう．

(2) Excel の関数による計算例

　いま，次の表9.8に示すように，各年の売上と操業費が見込まれているとしよう．この投資案件のIRRを計算してみよう．これをExcelで計算するには，表中の「IRR計算用キャッシュフロー」の数値をExcelのIRR関数で指定するだけでよい．
　「IRR計算用キャッシュフロー」の数値は，「売上げ－操業費－投資」で求められる．

表9.8　ExcelによるIRRの計算

年	建設期間	1	2	3	4	5
投資	-1,000					
売上げ		500	650	750	800	850
操業費		200	250	250	250	250
リターン		300	400	500	550	600
IRR計算用キャッシュフロー	-1,000	300	400	500	550	600

IRR= 32.241%

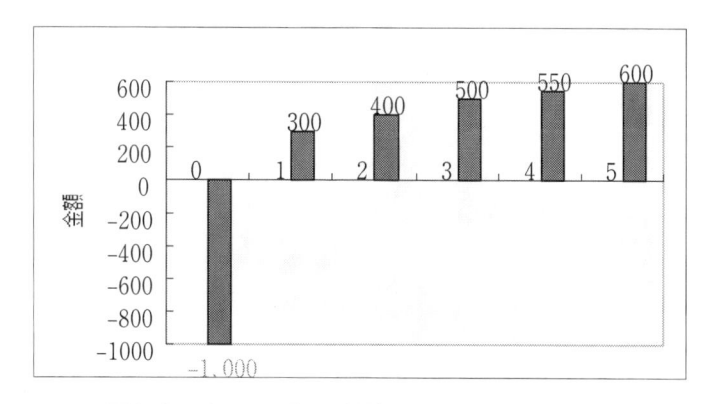

第9章 新規事業はうまくいくか　　　131

図9.6 表9.8の例の投資とリターンの数値

9.5.2 回収期間法の考え方と計算方法

(1) 考え方

　回収期間法とは，投資額が毎期のリターンによって何年で回収できるかを計算するもので，短いほど安全性が高いと考えられる．今，初期投資額がIで，第i年のリターンがR_iであるとき，次の式を満たすNを**回収期間**という．

$$\sum_{i=1}^{N-1} R_i < I \leq \sum_{i=1}^{N} R_i \tag{9.9}$$

　なお，(9.9)式は現在価値を考慮していないが，割引率で割り引いた金額(**現在価値**)で回収期間を計算する場合もある．

(2) 計算例

　表9.8と同じ案件の回収期間を求めてみよう．

表9.9 回収期間法の計算

年	建設期間	1	2	3	4	5
投資	-1,000					
売上げ		500	650	750	800	850
操業費		200	250	250	250	250
リターン		300	400	500	550	600
IRR計算用キャッシュフロー	-1,000	300	400	500	550	600
IRR計算用キャッシュフローの累積	-1,000	-700	-300	200	750	1,350

　この案件は，最後の行の累積の数値が営業開始後3年目でプラスになっており，この年に回収できることがわかる．

9.6 キャッシュフロー表の考え方と計算方法

9.6.1 キャッシュフロー表とは

　企業経営においてお金がうまく回っていくかどうかは非常に重要なことである．これを表すのが**キャッシュフロー表**である．これは，一言で言えばお金の出入りを表したものである．これを計算した結果，収支がマイナスになれば，お金をどこからか調達してくる必要があり，一般的には，短期借入金を導入することになる．なお，減価償却は実際に出ていく費用ではないので，このキャッシュフロー表の中には出てこないことに注意せよ．

9.6.2 キャッシュフロー表の構造

　キャッシュフロー表の構造を図で表すと次のようになる．

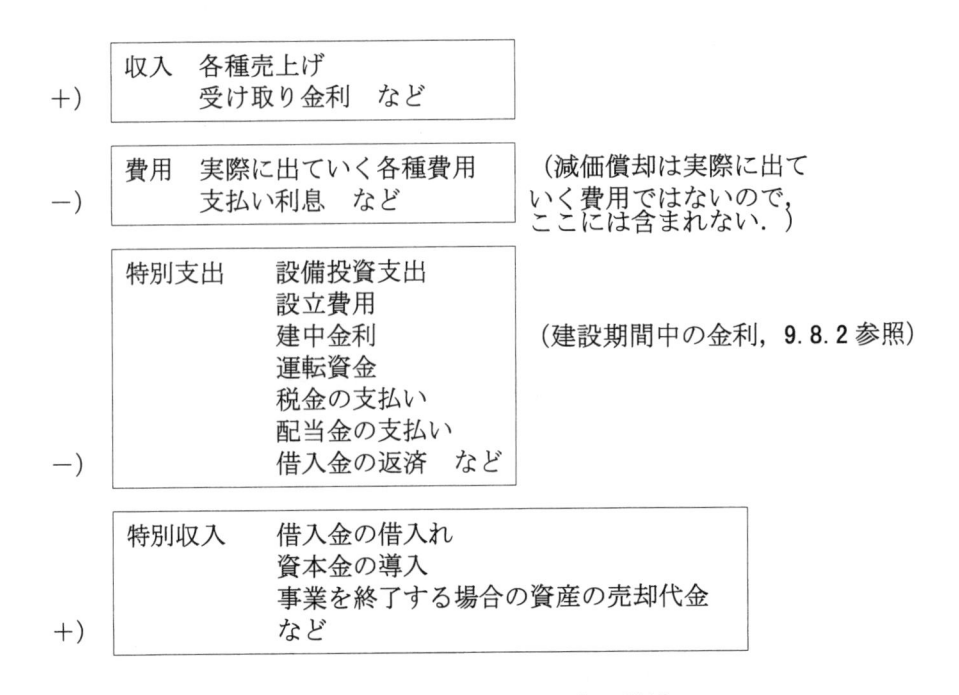

```
+)   ┌─────────────────────────────────┐
     │ 収入　各種売上げ                  │
     │      受け取り金利　など          │
     └─────────────────────────────────┘

-)   ┌─────────────────────────────────┐  （減価償却は実際に出て
     │ 費用　実際に出ていく各種費用      │   いく費用ではないので，
     │      支払い利息　など            │   ここには含まれない．）
     └─────────────────────────────────┘

     ┌─────────────────────────────────┐
     │ 特別支出　設備投資支出            │
     │          設立費用                │
     │          建中金利                │  （建設期間中の金利，9.8.2 参照）
     │          運転資金                │
     │          税金の支払い            │
     │          配当金の支払い          │
-)   │          借入金の返済　など      │
     └─────────────────────────────────┘

     ┌─────────────────────────────────┐
     │ 特別収入　借入金の借入れ          │
     │          資本金の導入            │
     │          事業を終了する場合の資産の売却代金│
+)   │          など                    │
     └─────────────────────────────────┘
```

図9.7　キャッシュフロー表の構造

　これらを具体的な表の形にまとめると表9.10のようになる．表の下にある「投資，リターン」の行は，ＩＲＲを計算するための数値を記載するところであり，その下の「投資，リターン累積」の行は，回収期間計算用の数値を記載するところである．その下の行は，長期借入金のその年の残額を記入するところである．一番下の行は，計算結果として出てきた回収期間と，ＩＲＲを記入するところである．

第9章 新規事業はうまくいくか

表9.10 キャッシュフロー表

年度→	建設期間	1	2	
収入				
売上				収入
その他収入				収入
受取金利				収入
小計				
費用				
費用1				費用　←　（金利、減価償却以外の費用で
費用2				費用　　　例えば人件費、材料費等の
費用3				費用　　　諸費用を記入する。）
費用4				費用
費用5				費用
長借金利				長借金利
短借金利				短借金利
小計				
合計（収入－費用）				
特別支出				
設備投資				設備投資の支出
設立費用				設備投資の支出
建中金利				設備投資の支出
運転資金				運転資金
税金				税金支払い
配当金				配当金支払い
長借返済				借入金返済
短借返済				借入金返済
小計				
特別収入				
前年度繰越金				前年繰越金
長期借入				借入金借り入れ
短期借入				借入金借り入れ
資本金				資本金の導入
補助金				補助金の導入
スクラップバリュー				資産売却
小計				
総合収支				
投資、リターン（＝売上げ－操業費）				ＩＲＲ計算用 キャッシュフロー ＊
投資、リターン　累積				回収期間計算用 キャッシュフロー
長借残				長期借入金の残額

回収期間：営業開始後　　　　　　　年
ＩＲＲ＝　　　　　　　％
＊ＩＲＲ計算用 キャッシュフローは最終年にスクラップバリューを加える。

9.7 損益計算書の考え方と計算方法

9.7.1 損益計算書とは

　事業がうまく運営されるためには，お金が回っていくと同時に，利益が上がっていなくてはならない．損益がどうなっているかを表すものが**損益計算書**である．ここで作成する損益計算書の目的は，決算報告書などでよく見かける損益計算書のように結果の報告をすることではなく，分析をするための道具として使うことである．利益が上げられるかどうか，もし赤字なら改善の見込みがあるのか，あるいは，どうすれば改善できるかを考えるためである．したがって，キャッシュフロー表と同じく，できるだけ簡潔にかつ，分析しやすい形にする必要がある．

9.7.2 損益計算書の構造

　損益計算書の構造を図で表すと次のようになる．

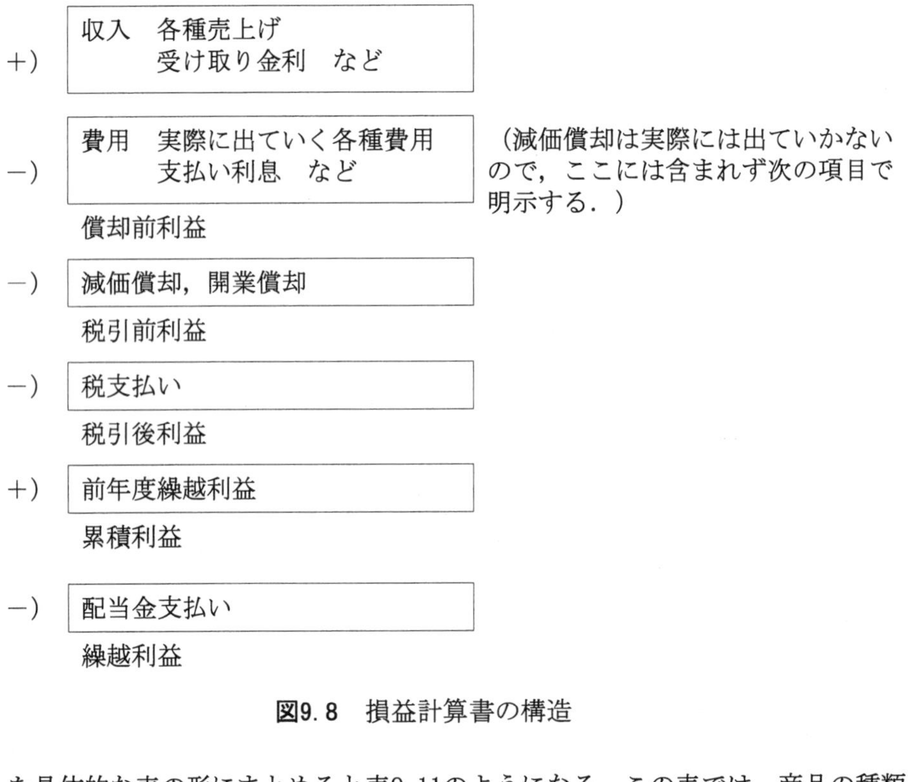

```
  +)  ┌─────────────────────────┐
      │ 収入　各種売上げ        │
      │       受け取り金利　など│
      └─────────────────────────┘

  −)  ┌─────────────────────────┐   （減価償却は実際には出ていかない
      │ 費用　実際に出ていく各種費用│    ので，ここには含まれず次の項目で
      │       支払い利息　など  │     明示する．）
      └─────────────────────────┘
      償却前利益

  −)  ┌─────────────────────────┐
      │ 減価償却，開業償却      │
      └─────────────────────────┘
      税引前利益

  −)  ┌─────────────────────────┐
      │ 税支払い                │
      └─────────────────────────┘
      税引後利益

  +)  ┌─────────────────────────┐
      │ 前年度繰越利益          │
      └─────────────────────────┘
      累積利益

  −)  ┌─────────────────────────┐
      │ 配当金支払い            │
      └─────────────────────────┘
      繰越利益
```

図9.8　損益計算書の構造

　これらを具体的な表の形にまとめると表9.11のようになる．この表では，商品の種類を2種類しかあげていないが，もちろん何種類であってもかまわない．要はここに，売上げに相当するものを持ってくるということである．他の項目も同様に，必要に応じて取捨選択をすればよい．なお，減価償却はキャッシュフロー表ではなく，損益計算書に出てくる

ことに注意せよ．

表9.11　損益計算書

年度→	建設期間	1	2	
商品　A売上げ				売り上げ（数量×単価）
数量				
単価				
商品　B売上げ				売り上げ（数量×単価）
数量				
単価				
その他収入				その他収入
受取金利				
小計				
費用1				費用　←　（金利、減価償却以外の費用で
費用2				費用　　　例えば人件費、材料費等の
費用3				費用　　　諸費用を記入する。）
費用4				費用
費用5				費用
長借金利				長借金利支払い
短借金利				短借金利支払い
小計				
償却前利益				収入小計－費用小計
減価償却				減価償却
開業償却				開業償却
税引前利益				税引前利益
税金				税金の支払い
				（税引き前利益にかかる）
税引後利益				税引後利益
前年度繰り越し利益				前年度繰り越し利益
累積利益				累積利益
配当				配当の支払い
配当率				配当率（資本金に対して）
配当性向				配当性向（税引後利益に対して）
繰り越し利益				繰り越し利益

　このように，キャッシュフロー表，損益計算書は前提条件に基づいた計算の総まとめとして見ることができる．しかし，すでに述べたように，これらの表を作るのが目的ではなく，これらの表から情報を得て，この投資を実行するのかどうかを決めるのが目的である．したがって，これらの表は，前提条件を変更すれば自動的にすべての項目に反映されるようにソフトウェア上で作成しておかねばならない．また，分析する場合には，ただ一つの

前提条件の計算結果から判断するのではなく，最低3つの条件，つまり，楽観的な前提条件，中間の前提条件，悲観的な前提条件について計算し，それらを総合的に判断して決定するのがよい．

9.8 建設期間の考え方と計算方法
9.8.1 建設期間とは

建設期間とは，会社を設立してから工場や社屋を建設して，実際に営業をはじめるまでの期間をいう．ここでは，この期間のお金の出入りをどのようにキャッシュフロー表と損益計算書に反映させるかを説明しよう．実際の建設期間はいろいろだが，「9.1.4」で説明したように，ここでは1年単位でみることにする．設備投資費用や創業費用などの必要な資金は，資本金，長期借入金などでまかなう．また，会社の設立費用，発起人の報酬，新株発行費用，開業準備のための調査費などの創業費は日本では5年以内で均等償却できる（**開業償却**）．

9.8.2 計算例

表9.12を見ていただきたい．この例では建設期間を1年としている．左は損益計算書，右はキャッシュフロー表であるが，損益計算書は，まだ営業が始まっていないので作成する必要はない．キャッシュフロー表は，網掛けの部分が建設期間中の資金の流入とそれがどのような形で使われるかを示している．設備投資金額を1億円とし，設立費用などの諸経費を500万円，運転資金を200万円とする．これらの費用を資本金6,000万円と，長期借入金5,500万円でまかなう場合のキャッシュフロー表を考えてみよう．なお，長期借入金の利率は5％とし，1年据え置き，5年の元金均等払いとする．なお，設備投資金額以上に資金を導入するとしたのは，設備投資金額以外に，設立費用などの諸経費と運転資金，建中金利などをまかなうためである．建中金利とは，建設期間中の金利であり，長期借入れの5,500万円に対して

$$5,500万円 \times 0.05 = 275万円$$

である．
キャッシュフロー表の下の所に「投資」あるいは「リターン」の行があるが，これは，IRRおよび回収期間を計算するための欄で，ここには，

$$-（設備投資金額＋設立費用などの諸経費＋建中金利）$$

の数値が入る．具体的には

設備投資金額	−100,000,000
設立費用などの諸経費	−5,000,000
建中金利	−2,750,000
	−107,750,000

第9章 新規事業はうまくいくか　　　　　　　　　　　　　　137

となる．キャッシュフロー表の一番下の行は，長期借入金の借入残を表しており，1年据置であるので，借入れた元金がそのまま残っている．

表9.12　建設期間の損益計算書とキャッシュフロー表

***　損益計算書　***

	建設期間
売上げ	0
その他収入	0
受け取り金利	0
小計	0
長借金利	0
短借金利	0
小計	0
償却前利益	0
減価償却	0
開業償却	0
税引前利益	0
税金	0
税引後利益	0
前年度繰り越し利益	0
累積利益	0
配当	0
繰り越し利益	0

***　キャッシュフロー　***
単位：円

	建設期間
収入	
売上	0
その他収入	0
受取金利	0
小計	0
費用	
費用1	0
費用2	0
費用3	0
費用4	0
費用5	0
小計	0
合計(=収入ー費用)	0
特別支出	
設備投資	100,000,000
設立費用	5,000,000
建中金利	2,750,000
運転資金	2,000,000
税金	0
配当金	0
長借返済	0
短借返済	0
小計	109,750,000
特別収入	
前年度繰越金	0
長期借入	55,000,000
短期借入	0
資本金	60,000,000
補助金	0
スクラップバリュー	0
小計	115,000,000
総合収支	5,250,000
投資、リターン(=売上げー操業費)	-107,750,000
投資、リターン　累積	-107,750,000
長借残	55,000,000

投資は　　設備投資
　　　　　設立費用
　　　　　建中金利
　　　　　を含む．

建中金利とは、建設期間中の
長期借入金の金利である．

9.9 具体例 －新規事業の5年間の採算性の検討－

次のような前提条件で新規事業の採算性を検討してみよう．(これを基準ケースとする．)

9.9.1 事業の前提条件

健康飲料を製造販売する会社を設立し，その会社がうまく運営できるかどうかを検討する．このような事業の採算性を検討する場合，計算する期間をどの程度にするかということが問題となるが，そのためにはその業界の常識が必要となる．たとえば石炭や鉄鉱石の鉱山開発では，数十年という長期間の運営で採算をとるが，寿命が短い事業については短期間で投下資金を回収しておかねばならない．長期間の運営で採算をとる事業の場合は長期間の計算期間が必要であるが，短期間で採算を取らねばならない事業は，短期間の計算で十分である．この事業の場合には営業開始後5年間の計算をするのが妥当であるとしよう．以下に前提条件を示すが，他の事業の場合でも，採算性を検討するに当たっては，最低限この程度の項目については押さえておく必要がある．

この例では，変更可能な入力データとなるところは，ボックスで示しているが，これは一つの雛形であって，常にこれらの項目である必要はない．必要に応じて売上げや経費の項目を増減したり，減価償却の内訳をもっと詳しくしたり，あるいは，借入金の借入先を増やしたりすればよい．表計算ソフトウェア上では，これらのデータが変更されれば，損益計算書とキャッシュフロー表もそれに伴って自動的に変更されるように作成しておく．このことは後で行う各種の分析を可能にするために必要な作業である．

第9章 新規事業はうまくいくか

表9.13 新規事業の前提条件

(1) 事業の概要
　　①設立形態：新規設立
　　②事業内容：新商品（商品A、商品B）の製造・販売
　　③資本金： 3,000 万円
　　④建設期間：1年（準備期間）
　　⑤収益期間：5年
　　従って、計算期間は6年。

(2) 建設計画
　　①投資金額： 10,000 万円
　　　（資本金より） 3,000 万円
　　　（長期借入金より） 9,000 万円
　　②運転資金： 500 万円

(3) 借入金
　　(3-1) 長期借入金
　　　①借入額： 9,000 万円
　　　②借り入れ時期：1年目の年初（建設開始時期）
　　　③据置：1年
　　　④返済：年賦　5回
　　　⑤利率： 5 %
　　　⑥返済方法：元金均等、　期初借入、期末返済

　　(3-2) 短期借入金　利率： 5 %
　　　　1年毎に借り換える
　　　　（前年借り入れと、今年借り入れの平均値に対して利子を計算。）

(4) 余剰金運用利率 1 %
　　キャッシュフロー表で前年の前年度繰越金と前年の総合収支の平均値に
　　対して、利子を受け取るとする。
(5) 最終年の資産評価：簿価の100%
(6) 税金　　　（当年払いとする）
　　税率 50 %
(7) 配当政策
　　①配当率（配当金／資本金＊100）：
　　　　　　　　　　　　　　　　　　10 %配当できない場合は配当しない。
　　②配当性向（配当金／税引き後利益＊100）：
　　　　　　　　最大 50 %
　　もし、10％配当して、それが配当性向50％を上回れば配当しない。
(8) 減価償却
　　①金額： 10,000 万円
　　②償却開始：2年目より
　　③耐用年数：5年
　　④残存：10％
　　⑤償却方法：定額法
(9) 開業費の償却：5年間の均等
　　　（建設期間中の金利＋設立費用200万円）
(10) 運営計画
　　①売上
　　　商品A
　　　　　単価 300 円/本
　　　　　販売数量 350,000 本　　毎年 5 %UP
　　　商品B
　　　　　単価 450 円/本
　　　　　販売数量 300,000 本　　毎年 5 %UP
　　　その他収入　初年度 0 万円　毎年 0 %UP
　　②経費
　　　人件費 6,000 万円　　毎年 2 %UP
　　　変動費
　　　　　商品A　単価の 65 %
　　　　　商品B　単価の 60 %
　　　　その他　初年度 1000 万円　3年ごと 3 %UP

更に、金利、減価償却費　が必要。

9.9.2 分析の手順

以上の前提条件にしたがって次の手順で分析を進める.

(1) 長期借入金の返済スケジュールを計算する表を作成する.

表9.13の前提条件にしたがって長期借入金の返済スケジュールを計算すると次の表が得られる. この表では, 借入額と利率を変更すると, 返済スケジュールは自動的に計算できるようにしている.

表9.14 長期借入金返済スケジュール

借入額	90,000,000	円
借入時期	1年目	
利率	5	%
据置	1	年
返済	5	年
年賦/元金均等		

年	期初残	返済	期末残	利子	返済合計
建設期間	90,000,000	0	90,000,000	4,500,000	4,500,000
1	90,000,000	18,000,000	72,000,000	4,500,000	22,500,000
2	72,000,000	18,000,000	54,000,000	3,600,000	21,600,000
3	54,000,000	18,000,000	36,000,000	2,700,000	20,700,000
4	36,000,000	18,000,000	18,000,000	1,800,000	19,800,000
5	18,000,000	18,000,000	0	900,000	18,900,000
合計		90,000,000		18,000,000	108,000,000

(2) 減価償却のスケジュールを計算する表を作成する.

表9.13の前提条件にしたがって減価償却のスケジュールを計算すると次の表が得られる. 取得価額を変更すると, 減価償却のスケジュールは自動的に計算できるようにしている.

第9章 新規事業はうまくいくか

表9.15 減価償却スケジュール

取得価額　　　　　　100,000,000 円
償却開始　　　2年目より
耐用年数　　　　　　　　5 年
残存　　　　　　　　　　10 %
定額法

年	期初残高	償却額	期末残高
建設期間	0	0	0
1	100,000,000	18,000,000	82,000,000
2	82,000,000	18,000,000	64,000,000
3	64,000,000	18,000,000	46,000,000
4	46,000,000	18,000,000	28,000,000
5	28,000,000	18,000,000	10,000,000

(3) 表9.11を参照して損益計算書の表の枠組みを作成する．
(4) 表9.10を参照してキャッシュフロー表の枠組みを作成する．
(5) 損益計算書を作成する．

「(3)」で作成した損益計算書の枠組みの中に，以下の手順で表の中身を完成する．
① 建設期間中については，営業をしていないので損益計算はない．
② 売上，経費の項目を前提条件のセルから関連づけて入力する．
③ 長期借入金の返済スケジュール表から必要な項目を関連づけて入力する．
④ 減価償却のスケジュール表から必要な項目を関連づけて入力する．
⑤ 開業償却のデータを開業費の項目から関連づけて入力する．
　開業償却は，キャッシュフローの表に記載されている，建設期間中の「金利＋創業費用」つまり(4,500,000＋2,000,000＝6,500,000)を5年間で均等償却する．
⑥ 前提条件で入力された受取金利，税金，配当などのデータを関連づけて入力する．
　なお，受取金利の計算は，キャッシュフロー表の

　　　（前年度の「前年度繰越金」＋当年度の「前年度繰越金」）／2

　の数値に受取利率をかける．
⑦ 税金は5年間の欠損繰越を考慮することもできるが，ここでは考慮していない．
⑧ 配当は，前提条件に従い，配当率で10%を確保することをねらっているが，不可能であったり，あるいは，配当率10%が可能であっても，配当性向が50%を上回るようだと，配当しないことにしている．最終年には繰り越し利益として，10,033,090円が残る．

その結果，次の表9.16ができる．表において網掛けしたセルはいろいろ値を変えて影響を調べてみようとしている入力項目である．

表9.16　基準ケースの損益計算書

単位：円

		建設期間	1	2	3	4	5
商品　A			0	105,000,000	110,250,000	115,762,500	121,550,625	127,628,156
数量	5 % UP/YR	0	350,000	367,500	385,875	405,169	425,427
単価 （円／本）		0	300	300	300	300	300
商品　B			0	135,000,000	141,750,000	148,837,500	156,279,375	164,093,344
数量	5 % UP/YR	0	300,000	315,000	330,750	347,288	364,652
単価 （円／本）		0	450	450	450	450	450
その他収入		0	0	0	0	0	0
受取金利	1 %	0	42,500	76,463	77,585	108,008	160,497
小計		0	240,042,500	252,076,463	264,677,585	277,938,008	291,881,997
人件費	2 % UP/YR	0	60,000,000	61,200,000	62,424,000	63,672,480	64,945,930
変動費A	65 % OF 商品A	0	68,250,000	71,662,500	75,245,625	79,007,906	82,958,302
変動費B	60 % OF 商品B	0	81,000,000	85,050,000	89,302,500	93,767,625	98,456,006
その他	3 % UP EVERY 3YRS	0	10,000,000	10,000,000	10,000,000	10,300,000	10,300,000
長借金利		0	4,500,000	3,600,000	2,700,000	1,800,000	900,000
短借金利	5 %	0	0	0	0	0	0
小計		0	223,750,000	231,512,500	239,672,125	248,548,011	257,560,237
償却前利益			16,292,500	20,563,963	25,005,460	29,389,997	34,321,760
減価償却		0	18,000,000	18,000,000	18,000,000	18,000,000	18,000,000
開業償却		0	1,300,000	1,300,000	1,300,000	1,300,000	1,300,000
税引前利益		0	-3,007,500	1,263,963	5,705,460	10,089,997	15,021,760
税金	50 %	0	0	631,981	2,852,730	5,044,999	7,510,880
税引後利益		0	-3,007,500	631,981	2,852,730	5,044,999	7,510,880
前年度繰り越し利益		0	0	-3,007,500	-2,375,519	477,211	5,522,210
累積利益		0	-3,007,500	-2,375,519	477,211	5,522,210	13,033,090
配当		0	0	0	0	0	3,000,000
配当率	10 % あるいは 0%	0	0	0	0	0	10
配当性向	50 % （最大）	0	0.00	0.00	0.00	0.00	39.94
繰り越し利益		0	-3,007,500	-2,375,519	477,211	5,522,210	10,033,090

(6) キャッシュフロー表を作成する．

(4)で作成した枠組みの中に，以下の手順で表の中身を完成する．

① 建設期間中については，前提条件で入力された設備投資関連および資金関連のデータを関連づけて入力する．

② 売上，経費の項目を前提条件から関連づけて入力する．

第9章 新規事業はうまくいくか

③長期借入金の借入れと，返済額，金利などを返済スケジュール表から関連づけて入力する．

④前提条件で入力された受け取り金利，税金，配当などのデータを関連づけて入力する．

⑤ＩＲＲ計算のための投資，リターンの数値を計算する．

⑥回収期間計算用の投資，リターンの累積数値を計算する．

⑦ＩＲＲ，回収期間を求める．

⑧この表で，「短期借入金」は総合収支がマイナスになったとき適当な数値を入力して総合収支を０かプラスにすればよい．短期借入金を借りると短期金利が発生する．連立方程式を解けば，総合収支を０にするような「短期借入金」を求めることができるが，実務的にはちょうど０にする必要性はなく，総合収支を少しプラスにしておけばよい．（総合収支を０にしたければ，連立方程式を Excel の**ソルバー**を使って解ける．）短期借入金は，ある年に借りた分については翌年の年初に返済して，その時の不足額を借りると考える．したがって，「短期借入金の金利」は近似計算として，その年の「短期借入」と「短期返済（前年度の借入額を年初に返済）」の平均値に短期借入金の利率をかけて求める．

⑨キャッシュフロー表で，「投資，リターン」とあるのはＩＲＲ計算用，「投資，リターン累積」とあるのは回収期間計算用の数値である．

⑩この前提条件では，回収期間が営業開始後５年，ＩＲＲが10.83％である．総合収支としては，最終年に償却残が1000万円あるのでそれをスクラップバリューとして加算し35,033,090円が残る．

その結果，次の表9.17ができる．表において網掛けをしたセルは値を変えて影響を調べようとしてみている入力項目である．

表9.17　基準ケースのキャッシュフロー表

単位：円

	建設期間	1	2	3	4	5
収入						
売上		0	240,000,000	252,000,000	264,600,000	277,830,000	291,721,500
その他収入		0	0	0	0	0	0
受取金利　1%		0	42,500	76,463	77,585	108,008	160,497
小計		0	240,042,500	252,076,463	264,677,585	277,938,008	291,881,997
費用							
人件費		0	60,000,000	61,200,000	62,424,000	63,672,480	64,945,930
変動費A		0	68,250,000	71,662,500	75,245,625	79,007,906	82,958,302
変動費B		0	81,000,000	85,050,000	89,302,500	93,767,625	98,456,006
その他		0	10,000,000	10,000,000	10,000,000	10,300,000	10,300,000
長借金利		0	4,500,000	3,600,000	2,700,000	1,800,000	900,000
短借金利		0	0	0	0	0	0
小計		0	223,750,000	231,512,500	239,672,125	248,548,011	257,560,237
合計		0	16,292,500	20,563,963	25,005,460	29,389,997	34,321,760
特別支出							
設備投資	100,000,000					
設立費用	2,000,000					
建中金利	4,500,000					
運転資金	5,000,000					
税金		0	631,981	2,852,730	5,044,999	7,510,880
配当金		0	0	0	0	3,000,000
長借返済		18,000,000	18,000,000	18,000,000	18,000,000	18,000,000
短借返済	0	0	0	0	0	0
小計	111,500,000	18,000,000	18,631,981	20,852,730	23,044,999	28,510,880
特別収入							
前年度繰越金		0	8,500,000	6,792,500	8,724,481	12,877,211	19,222,210
長期借入	90,000,000					
短期借入	0	0	0	0	0	0
資本金	30,000,000					
補助金						
スクラップバリュー						10,000,000
小計	120,000,000	8,500,000	6,792,500	8,724,481	12,877,211	29,222,210
総合収支(繰越)	8,500,000	6,792,500	8,724,481	12,877,211	19,222,210	35,033,090
投資、リターン(＝売上げ－操業費)	-106,500,000	20,792,500	24,163,963	27,705,460	31,189,997	45,221,760
投資、リターン　累積	-106,500,000	-85,707,500	-61,543,538	-33,838,078	-2,648,080	42,573,679
長借残	90,000,000	72,000,000	54,000,000	36,000,000	18,000,000	0

　　　回収期間　　営業開始後　　5　年
　　　IRR＝　　10.83 %　　　　最終年はリターンにスクラップバリューを加える。

9.10 具体例の前提条件を用いた各種分析

単に前提条件の下で損益計算書やキャッシュフロー表がどのようになるかを見るだけでなく，先の9.1.4で述べた①ゴールシーキング，②感度分析，③最適戦略といった各種分析を行うことにより，さらに視野の広い情報が得られる．各方法の概要についてはすでに説明したが，ここでは上記の計算例（「基準ケース」と呼ぶことにする）を用いて具体的に見てみよう．ここで述べる方法は，損益計算書やキャッシュフロー表を**シミュレーション**の道具として使うことになる．

9.10.1 ゴールシーキング

目標の変数を，ある値にするためには，それに関連するある変数を幾らにしなければならないかを計算する．この計算は，Excel などのゴールシーキングの機能を使うことにより簡単に実行できる．例えば次のような例を考えて見よう．

分析の例： 基準ケースでは，営業開始1年目は税引前利益が赤字となっている（表9.16）．1年目の税引前利益がマイナスでなく，少なくとも0とするには，商品Aの初年度の販売数量をいくらにする必要があるかを計算してみよう．

次の表は，ゴールシーキングの機能を使うことにより求めた損益計算書である．1年目の税引き前利益がちょうど「0」となっていることに注意せよ．

表9.18 ゴールシーキング ケース1の損益計算書

損益計算書

事業名
企画者
日付
case-no.　GS-1　　GOAL SEEKING

単位：円

			建設期間	1	2	3	4	5
商品 A				0	113,592,857	119,272,500	125,236,125	131,497,931	138,072,828
	数量	5 % UP/YR		0	378,643	397,575	417,454	438,326	460,243
	単価	（円／本）		0	300	300	300	300	300
商品 B				0	135,000,000	141,750,000	148,837,500	156,279,375	164,093,344
	数量	5 % UP/YR		0	300,000	315,000	330,750	347,288	364,652
	単価	（円／本）		0	450	450	450	450	450
その他収入				0	0	0	0	0	0
受取金利	1 %			0	42,500	91,500	115,592	162,332	217,045
		小計		0	248,635,357	261,114,000	274,189,217	287,939,639	302,383,217
	人件費	2 % UP/YR		0	60,000,000	61,200,000	62,424,000	63,672,480	64,945,930
	変動費A	65 % OF 商品A		0	73,835,357	77,527,125	81,403,481	85,473,655	89,747,338
	変動費B	60 % OF 商品B		0	81,000,000	85,050,000	89,302,500	93,767,625	98,456,006
	その他	3 % UP EVERY 3YRS		0	10,000,000	10,000,000	10,000,000	10,300,000	10,300,000
	長借金利			0	4,500,000	3,600,000	2,700,000	1,800,000	900,000
	短借金利	5 %		0	0	0	0	0	0
		小計		0	229,335,357	237,377,125	245,829,981	255,013,760	264,349,274
償却前利益					19,300,000	23,736,875	28,359,236	32,925,878	38,033,943
減価償却				0	18,000,000	18,000,000	18,000,000	18,000,000	18,000,000
開業償却					1,300,000	1,300,000	1,300,000	1,300,000	1,300,000
税引前利益				0	0	4,436,875	9,059,236	13,625,878	18,733,943
税金	50 %			0	0	2,218,438	4,529,618	6,812,939	9,366,971
税引後利益				0	0	2,218,438	4,529,618	6,812,939	9,366,971
前年度繰り越し利益				0	0	0	2,218,438	6,748,055	10,560,995
累積利益				0	0	2,218,438	6,748,055	13,560,995	19,927,966
配当				0	0	0	0	3,000,000	3,000,000
	配当率	10 % あるいは 0%		0	0	0	0	10	10
	配当性向	50 % （最大）		0	#DIV/0!	0.00	0.00	44.03	32.03
繰り越し利益				0	0	2,218,438	6,748,055	10,560,995	16,927,966

（注：この表で1年目の配当性向のセルが#DIV/0!（ゼロで割ったエラーの表示）となったのは，税引後利益が0となっているためであり，無視してよい．）

　この計算結果から，初年度の税引き前利益を少なくとも赤にしないためには，商品Aの初年度の販売数量を378,643本とする必要があることがわかる．次の表はその場合のキャッシュフロー表である．

第9章 新規事業はうまくいくか　　　　　　　　　　　　　　　　147

表9.19　ゴールシーキング　ケース1のキャッシュフロー表

CASH FLOW

事業名
企画者
日付
case-no.　GS-1　　GOAL SEEKING
REMARK　：
単位：円

	建設期間	1	2	3	4	5
収入						
売上		0	248,592,857	261,022,500	274,073,625	287,777,306	302,166,172
その他収入		0	0	0	0	0	0
受取金利　　　1 %		0	42,500	91,500	115,592	162,332	217,045
小計		0	248,635,357	261,114,000	274,189,217	287,939,639	302,383,217
費用							
人件費		0	60,000,000	61,200,000	62,424,000	63,672,480	64,945,930
変動費A		0	73,835,357	77,527,125	81,403,481	85,473,655	89,747,338
変動費B		0	81,000,000	85,050,000	89,302,500	93,767,625	98,456,006
その他		0	10,000,000	10,000,000	10,000,000	10,300,000	10,300,000
長借金利		0	4,500,000	3,600,000	2,700,000	1,800,000	900,000
短借金利		0	0	0	0	0	0
小計		0	229,335,357	237,377,125	245,829,981	255,013,760	264,349,274
合計		0	19,300,000	23,736,875	28,359,236	32,925,878	38,033,943
特別支出							
設備投資	100,000,000						
設立費用	2,000,000						
建中金利	4,500,000						
運転資金	5,000,000						
税金		0	2,218,438	4,529,618	6,812,939	9,366,971
配当金		0	0	0	3,000,000	3,000,000
長借返済		18,000,000	18,000,000	18,000,000	18,000,000	18,000,000
短借返済		0	0	0	0	0
小計	111,500,000	18,000,000	20,218,438	22,529,618	27,812,939	30,366,971
特別収入							
前年度繰越金		0	8,500,000	9,800,000	13,318,438	19,148,055	24,260,995
長期借入	90,000,000						
短期借入		0	0	0	0	0	0
資本金	30,000,000						
補助金							
スクラップバリュー							10,000,000
小計	120,000,000	8,500,000	9,800,000	13,318,438	19,148,055	34,260,995
総合収支(繰越)		8,500,000	9,800,000	13,318,438	19,148,055	24,260,995	41,927,966
投資、リターン(＝売上げ－操業費)		-106,500,000	23,800,000	27,336,875	31,059,236	34,725,878	48,933,943
投資、リターン　累積		-106,500,000	-82,700,000	-55,363,125	-24,303,889	10,421,989	59,355,932
長借残		90,000,000	72,000,000	54,000,000	36,000,000	18,000,000	0

回収期間　　営業開始後　　4　年
ＩＲＲ＝　　　　　　14.81 %　　　最終年はリターンにスクラップバリューを加える。

問9.5　基準ケースでＩＲＲが20%となるためには，商品Ａの変動費の割合が何%である必要があるか．

9.10.2 感度分析

感度分析とは，各要因（変数）の変動が事業の結果に与える影響の大きさを調べ，事業が成功するためには，どの要因に注意をしておかねばならないかを知る方法である．たとえば，人件費だけが1％上がるとIRRが1％下がり，原料費だけが1％上がるとIRRが5％下がることが分かれば，原料費には十分注意をしなければならないということになる．（もちろん，調べるべき対象はIRRだけとは限らない．）影響力の大きな要因と小さな要因を調べることにより，どの要因に注意すべきかがわかる．この計算をするためには，Excelなどの「シナリオ」の機能を使うと便利である．

問9.6 基準ケースの前提条件で，初年度の人件費がIRRに与える影響を分析せよ．具体的には，人件費が1割増しの場合と1割減の場合について結果がどうなるか検討せよ．

問9.7 基準ケースの前提条件で，商品Aの初年度の販売数量がIRRに与える影響を分析せよ．具体的には商品Aの初年度の販売数量の数値が基準ケースの1割減の場合と，1割増の場合について検討せよ．

問9.8 2つの要因の比較問9.6，問9.7の結果からこの事業に対してはどちらの要因の影響が強いかを答えよ．

感度分析の結果をグラフで表すと，このグラフ上で補間，あるいは，ある程度までなら外挿して，要因の影響を推定することができる．（たとえば，図9.9は要因として人件費と商品Aの数量を，被影響要因として，IRRを取り上げた場合である．）

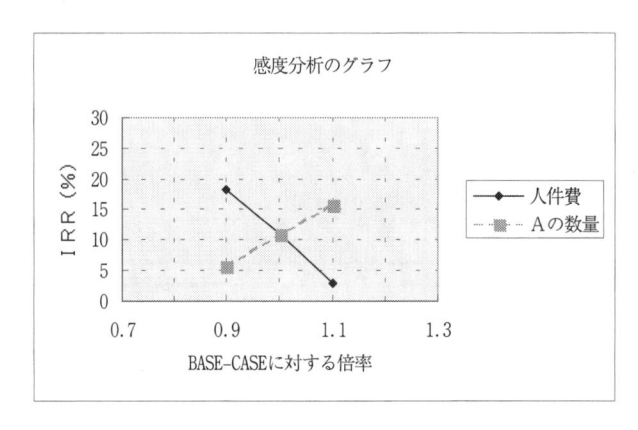

図9.9 感度分析のグラフの例

9.10.3 最適戦略

第4章, 第5章では, 線形計画問題の解をソルバーを使って求めたが, ここでもある条件の下で, ある項目を**最適化**（最大化, 最小化）する解を求めることができる. たとえば, 「商品Aと商品Bの初年度の生産量の最大が合計で650,000本の場合, 初年度にそれぞれ何本販売できれば5年後の税引後利益が最大となるか？」というような問題に答えられる.

問9.9 基準ケースの前提条件をもとにして, 商品Aと商品Bの初年度の生産量の最大が合計で650,000本の場合, 初年度にそれぞれ何本販売できれば5年後の税引後利益が最大となるかを求めよ. （ケース1）

問9.10 基準ケースの前提条件をもとにして, 商品Aと商品Bの初年度の生産量の最大が合計で650,000本の場合, 初年度にそれぞれ何本販売できれば5年後の税引後利益が2000万円となるかを求めよ. （ケース2）

問9.11 基準ケースの前提条件をもとにして, 商品Aと商品Bの変動費の割合がそれぞれ販売価格の何%であれば, 5年後の税引後利益が2000万円となるかを求めよ. ただし, Aについては45%以下にすることは不可能であり, Bについては50%以下にすることはできないとする. （ケース3）

9.11 この事業計画についての結論

以上の問を含むすべての計算結果から, たとえば次のような結論が得られる. ただし, 計算結果は同じでも, 周囲の状況が変わると結論が変わってくることに注意せよ.

(1) 基準ケースの結果を見ればわかるように, この前提条件が正しければ, 初年度は単年度で赤字であるものの, 黒字が増えていく健全な事業といえる.

(2) 現在の資本の利率が仮に5%であれば, ＩＲＲが10.83%であるので, この事業を実施する価値はあるといえる.

(3) 最悪の場合の前提条件が, 商品Aの数量が基準ケースの0.9倍であるとすると, 感度分析の結果から, その時のＩＲＲは5.75%で, 資本の利率と比べても何とか持ちこたえられそうである. また回収期間も5年であり, この種事業の常識として, 回収期間が4〜5年であるのであれば, 最低条件は満たしている.

(4) 感度分析の結果から, 人件費の影響が予想以上に大きいので, 従業員の採用には十分注意をしなければならない.

(5) 最適条件の分析から, 最も儲かるのは, 商品Bのみを作ることであるが, これは, 現実的に考えれば, 少々無理があるように思われるため, 商品の販売割合については, ライバル会社の出方も考えた上でもう少し考える方が良かろう.

(6) 基準ケースの販売数量を目標とし, 5年後に税引後利益2000万円を目標とするなら,

商品A，Bとも変動費をもう少し下げる工夫が必要である．

9.12 採算性の検討についての更に高度な分析

　本章では，新規事業の採算性を検討するため，パソコン上で表計算ソフトウェアを用いて，事業の前提条件に基づいたキャッシュフロー表と損益計算書を作成し，シミュレーションを行うことについて述べた．キャッシュフロー表と損益計算書はできるだけ簡単な形としたが，その理由は，企業においては採算性の検討が必要な場合，多くの場合に時間的な余裕はほとんど無く，かつ，的確な判断が要求される場合がほとんどだからである．事後的な書類として決算書を作るのではなく，これから行おうとする事業について検討するのが目的であるので，重要なポイントのみを押さえた形で，いわゆる決算書の形式とは違った形となっている．余り細かいことにこだわらず重要なポイントをしっかり押さえれば，大きな間違いはせずにすむ．そのためにも，ここで述べたような分析を十分に実施すべきである．

　なおここでは，分析方法として　①ゴールシーキング，②感度分析，③最適戦略　を取り上げたが，さらに事業のリスクを分析する方法がある．例えば，原料や製品の価格が大きく変動する場合，前提条件を設定するといってもなかなか難しい場合がある．そのような場合に前提条件の変動をそのまま計算に組み込む方法（モンテカルロシミュレーションを用いる）がある．

第10章　オペレーションズ・リサーチを使おう

―ＯＲ実施の手順と仕組み―

　ここまでの章で，オリエンタル・リフレッシュメント社（ＯＲ社）のさまざまな経営上の問題について経営科学的な手法を用いて問題の解決に役立てることを学んできた．ここで扱ったように**モデル**を使って現実の企業などの経営や操業の状況を再現し，それを用いて実際的な問題の解決に役立てる一連のやり方は，経営科学の中でも**オペレーションズ・リサーチ**（Operations Research, OR）と呼ばれる分野に属するものである．気づかれたように，本書で仮定した企業のＯＲ社の社名はこのもじりである．

10.1　ＯＲの誕生と展開

　ＯＲという考え方の誕生は，第２次世界大戦時の英国において，さまざまな分野の科学者からなるチームが，レーダーの使用方法，作戦効果の判定，潜水艦攻撃の方法，海上封鎖をされたときの食料増産の方法など多岐にわたる研究を行い実際的な効果を上げたことに始まるとされている．レーダーの研究において，技術的な研究を指すテクニカル・リサーチだけでは効果をあげることができないところから，それに対応した運用や操作に関する問題を研究するということが考えられ，それを**オペレーショナル・リサーチ**と呼んだのが始まりであるといわれ，英国では現在でもこうよばれている．その後このような数理的，論理的モデルを使った多面的な問題解決のために科学者や技術者だけでなく社会科学や心理学の専門家も含めた学際的なチームが編成され，冒頭に述べたようなさまざまな分野の問題に対して大きな成果を上げた．

　その後，ヨーロッパ戦線における実績が米国に伝えられ，ＭＩＴの教授を中心として同様の手法による研究が開始されたが，そのときに出来た組織は作戦研究という側面からオペレーションズ・リサーチ・グループと呼ばれた．このチームは数々の実績を上げ，戦争終結時点では1200名もの規模に達した．このような両国における研究と実践を通して，以前からあった数理的な理論や手法をさまざまな実務的問題に適用する方法や，まったく新しい考え方や有用な手法が生まれてきた．応用科学の新しい分野としてまとめられたこれらの多様な手法や考え方は，戦争終結後，民間の企業に適用されるようになり，その後のコンピュータの発達に伴う情報処理の能力の飛躍的な進歩とともに手法的にも実施の面でも飛躍的に発達して現在に至っている．

　現在では，生産やマーケティング，農業，公共設備の配置や道路計画などの行政的計画，

航空機など輸送機関の運行管理，物流管理，建設から宇宙開発までのプロジェクト管理，通信網整備などから，理財工学とも呼ばれる金融，財務関係への適用など今日の社会的，経済的活動のあらゆる分野において計画と決定のための方法として，世界中の至るところで，表にはあまり現れない場合も多いが広く浸透している．また，ORの分野で発展した数理的な手法は他の工学技術分野，例えばLSIの回路設計，さまざまな装置の最適制御，図形処理といった分野でも基礎技術として使われている．

そのような多岐にわたる問題に対応するため，現在ORで使われている手法には，本書で取り上げた他にも数多くの有用な方法がある．さらに詳しく学びたい人は巻末の参考文献などをみて欲しい．

10.2　OR実施の手順

ORによって問題を見つけ，解決していく一連の仕事の流れを整理したのが図10.1である．図において中央の鎖線の左半分が現実の世界であり，右半分がモデルとして表現されている世界である．ORの方法は，現実の世界の問題をそのまま現実の中で扱わずに，いったんモデルの世界に投影して考えることによって問題の構造にひそむ本質的な性質を理解し，さまざまな状況や考え方を試し，その結果から解決の方法を見つけて経営上の意思決定を助けるやり方と言える．言い換えれば，数理的，論理的なモデルを使って思考実験や模擬的な実験を行う方法であるとも言える．

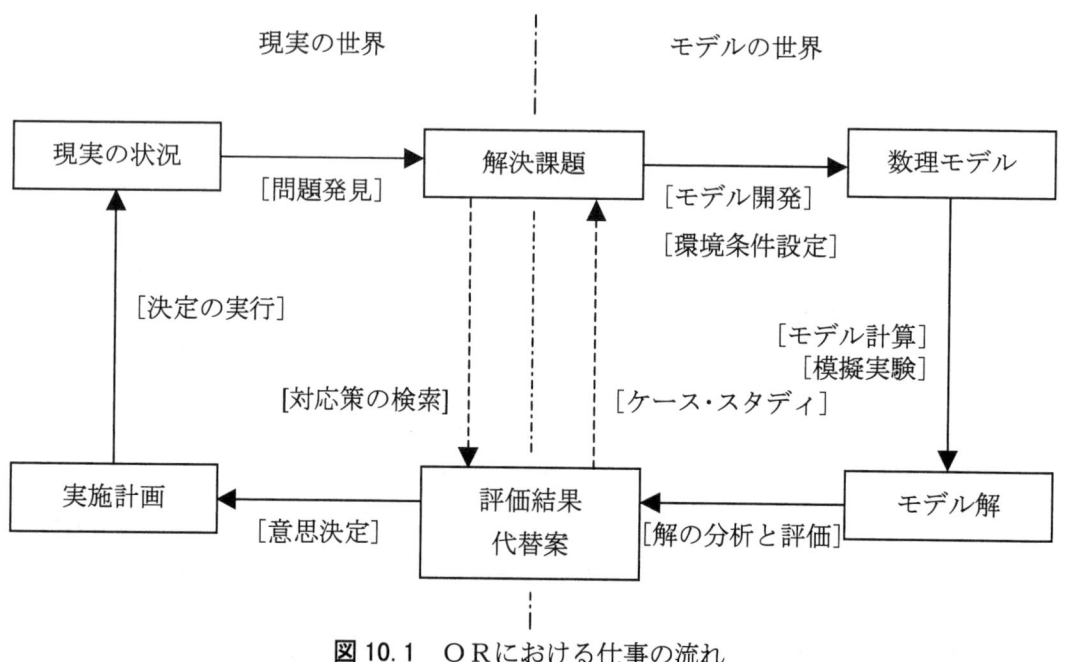

図10.1　ORにおける仕事の流れ

第10章 オペレーションズ・リサーチを使おう

　ORを使って問題を実際に解決しようとするときに特に注意するべきことは，ややもすると，数理的なモデルの開発や計算の部分，つまり図の右半分の範囲にある仕事にのみ時間と労力を集中してしまって，現実の世界とモデルの世界との「つなぎ」の部分に充分な時間と努力を費やすことがおろそかになりがちなことである．

　現実の状況をモデル化するとき，すなわち図の左から右に向かう矢印にそって仕事が進む部分においては，現実の問題を取り巻く状況の中から何を捨象しどの部分に注目してモデルを構築するかをしっかりと定めなければならない．そのためには，問題の性質とそれを解決する目的をしっかりと認識しておく必要がある．これによって，重点的にモデル化すべき部分が明確になり情報やデータの収集もしやすくなる．また目的を明確にしておくことは特に複数の部門にまたがる問題において重要で，モデルによる検討が相当に進んでしまってから部門による問題意識の違いが明らかになって，実は解決するべき目的が違っていたというようなことがあってはならない．

　問題が明確になってからモデルの開発に入るまでの段階においても，実際の適用にあたっては実に多くの仕事が含まれていることに驚くかもしれない．本書を含めてORのテキストではほぼ例外なく例題の計算に使用されるデータはすべてすぐ使えるようにそろっている状態で示されているが，現実にはそのようなことはまずないと言ってよい．最初にするべき仕事は，対象とする問題やシステムの構造を分析することや必要なデータの収集であるが，時としてはデータがどこにあるか探索することから始めなければならないこともある．収集したデータについて，単純な集計や平均といった加工だけでなく単位や期間の標準化が求められる場合や，本質を見ることを邪魔しているような例外値を排除したり，統計的処理をしなければならないことも多い．必要なのに欠けているデータの推定や実験によるデータ収集（例えばテスト販売などもこれにあたる）が必要なこともある．

　モデルの計算結果を現実の世界につなげる部分，つまり図の右から左に向かう矢印にそった仕事もまた重要である．いくら優れたモデルによって有効な結果が得られたとしても，実際に適用されなければ意味がない．この部分においては，まず，モデル化に際して捨象した部分について再考し，得られた解の現実的な解釈を行って，モデル解と現実的な状況との間に矛盾がないかどうかの確認を行わなければならない．必要があれば現実に即してモデルの改訂を行い，現実的に適用可能な実施案に結びつけなければならない．このためには，現実的な状況の変化を見越していくつかのケースを想定して計算し検討する，**ケース・スタディ**によって代替的な解を求めておくことも有効な方法である．自動車や家電品などの製品開発においても，実験や試作によってさまざまな試行錯誤を行い幾つもの代替的な考えを試すことが行われるが，これは数理的なモデルにおけるケース・スタディにおいても同じであるといえる．このようなモデル世界での仕事の流れが図中央の下から上に向かう点線に示した部分をふくむ右半分のループである．

このようなケース・スタディによって，状況の変化や前提条件の変更などを想定したケースについての代替的な対応案をあらかじめ作っておくことは，**コンティンジェンシー・プランニング**と呼ばれるが，経済的，社会的な環境変化に迅速に対応することが求められている最近のように変化の早い時代には大変有効な手段で，あらかじめ用意されている代替案から，求める環境に最も近い前提条件のものを選んでそれを実施計画とすることである，すなわち変化のたびにモデル計算をやり直さなくてよいので，素早い対応が可能となる．もちろん，予想しえなかった環境変化に対してはモデル計算のやり直しなども必要である．この流れが，図の左半分のループである．

さらに，ORによる検討の結果を問題をかかえていた関連部門や経営層に報告することも重要な仕事である．この場合，出来るだけ内容をかみ砕いて当事者の使う用語で平易に説明することが大切である．難解な技術用語をふりまわしたり，得られた計算結果をそのまま絶対的に正しいものとして示すようなことは避けるべきである．計算された結果は，あくまでも一つの解にすぎず，現実的には条件やデータの変化によって無数の解答があることを認識しておかねばならない．得られた解は一つの解決の方向を示すものと理解し，そこに向かって努力することが現実的な解決の方向であることをわかってもらうことが重要である．他の人に正しく結果を伝えるように努力することは，その問題についてより深く理解することにもつながる．あくまでも，実施されてこその結果であることを忘れてはならない．

問10.1 先の各章の例題の中から一つを選び，経営者に対する報告書を作成せよ．報告書には結果の説明の他に，使用した手法についての簡明な解説を付けること．

10.3 ORを実施する仕組み

ORは，その発達の歴史的経緯からみても極めて学際的で実際的な学問として発展してきたものであるが，企業等における実施においても，OR技法の専門家だけでなく，各部門の実務的な知識と経験を持ったさまざまな人たちの協力が広く求められる．

ORの実施に関連する人たちには，次に上げるような4つのグループがある．

(1) 問題を発見し，あるいは解決したい問題を持っている人・・・問題提起者
(2) モデル構築や計算の前提となるデータや情報を提供する人・・データ提供者
(3) 問題のモデル化を行い計算を行う人・・・・・・・・・・・モデル開発・運用者
(4) 計算等の結果を判断し，実施に結びつける人・・・・・・・結果の実施者

現実の企業における実施の例においては，これらの当事者は必ずしも別々の部門に属し

第10章　オペレーションズ・リサーチを使おう　　155

ている人たちとは限らない．例えば，問題の提起者とデータの提供者，あるいは実施者が同一の部門であることはよく見られる．また，逆に，それぞれの役割を複数の部門が受け持つことも多い．データ収集が複数の部門にまたがる場合や，実施にあたっていくつもの部門の協力が必要な場合があることは容易に想像がつくであろう．

　モデルの開発や運用に関しては，企業によってはＯＲ等を担当する専門の組織を持っていたり，特にＯＲを必要とする企画部門や生産管理部門にＯＲのチームを置く場合もあるが，必ずしも社内に専門家がいなくてはならないということではない．外部のコンサルタント，シンクタンク，大学の研究者などに協力を仰ぐことも可能であり，今後はそのようなことをもっと行って広い視野で解決することが望ましい．大規模な問題や社内的に重要な計画に関する問題などについては，関係する部門の人たちが集まり，必要に応じて外部の協力者を含めたプロジェクトチームを作ることも多い．

　企業において大切なことは，むしろ問題を発見することであり，ＯＲを用いることによってその問題を解決することが可能なことを感知することである．さらに，計算などで得られた結果を用いて経営的な意思決定を行い，先に述べたように，関係の部門や経営層に対して適切な説明を行って理解と協力を求め，実施に結びつけることである．このためには，問題意識の明確な実施部門の担当者がＯＲの技術を持った専門家の助けを借りながら中心的に働くことが重要であろう．

問10.2　いままで扱ってきた各章の問題について，上記の4グループの当事者がどのような部門の人たちに当たるかを考えよ．また，このことから，ＯＲの業務が部門間の協力を必要とする学際的，業際的な仕事であることを説明せよ．

　企業の経営管理のための定期的もしくは日常的な計画作成業務，例えば，需要予測，生産計画，在庫管理，配送計画などにＯＲのモデルを使用することも多い．このような定期的・日常的なモデルの使用においてはモデルのメンテナンスとデータの更新が容易にかつ円滑に行えるような組織的な対応を整備することが重要である．そのためにはデータ更新のためのシステムや，計画や管理を行う部門の担当者が自分達でモデルのメンテナンスを行えるようなソフトウエアも必要になってくる場合も多い．

　先のいくつかの章で述べたように，ＯＲは現実的な問題の解決や，より効率的な経営のために広く使われてきた．航空機や列車の運行スケジュールから，大工場の操業，エネルギーや資材の配送から，スーパーマーケットの運営，家畜飼料の配合，商品の企画といったさまざまな分野で，効率的で効果的な経営を支える陰の立て役者として大きな力を発揮している．しかしながら，我が国においては，まだその効果が充分に認識されているとは言い難いのが実状である．大企業だけでなく，公共的な分野や中小企業における応用など，

活用すれば大きな効果が期待できる分野も多い．このテキストを利用された諸君が，ＯＲの専門家というよりはむしろＯＲを活用するための問題の提起者として，さまざまな分野においてＯＲを利用しながら成果を上げられることを期待したい．

あとがき

　本書は以下のような動機で執筆が始まった．そもそもORは経営や社会の中のいろいろな問題を認識したり，整理したり，解決の策を作ったりという考え方や方法である．しかし，その本来の意味が理解されなかったり，一つの方法に過ぎない数学モデルの数学の部分が強調され過ぎたりして，わからない使えないとされがちであった．本来知っていて利用してもらいたいビジネスマンや，組織のいろいろなレベルの意思決定者に知れ渡ってないのが残念だと私たちは思ってきた．

　そこで，何とかORを世に広め使ってもらうにはどうしたらよいかということで，1990年に日本オペレーションズ・リサーチ学会（OR学会）の有志が「OR広報研究部会」を作った．研究部会はその後「ORリテラシー研究部会」さらにその延長線上の「ORリテラシー研究グループ」と名称は変わっているが活動の趣旨は一貫しており，その中から本書は誕生した．

　これら一連の研究部会の初期の時点では，広めたいORとは一体何かを確認することから始め，さらに情報リテラシーに対応して「ORリテラシー」というものを提唱した．ORは専門的な知識や技術でもあるが，これからのビジネスマンにとっては，仕事の進め方あるいは企画のしかたと問題の解決のしかたの常識として，「ORリテラシー」も身につけるべきものであろう．つまり，ORリテラシーはOR専門家が持つものというよりは，広くビジネスマンや各層の意思決定者に知っておいて頂きたいORの考え方や方法の常識とでもいうものである．

　そして，ORリテラシーの普及には，ORとはこんなものですよということを示すためのモノがなくてはいけない．そのひとつとして数理的な技法にかたよらずに，わかりやすい事例から入っていく入門書が効果的であるということになった．ビジネスマンにも，その予備軍の学生諸君にも向いた，Excel を使うことによって難しい数学を表に出さずに学習できる教科書を作ろうということになった．その活動の成果が本書である．

　執筆はこれらの研究会に所属して活動してきた有志によるものであるが，章ごとの執筆者の分担をここには示してない．これは，書いてきた原稿を何度となく，研究会の場でお互いに検討して推敲し手を入れてきたからである．そのプロセスに2年余りを掛けて，1999年4月には暫定版を出版して，メンバーが自分の授業で実際に使ってみたし，何人かの方々にも教室でお使い頂いた．これらの結果によって，さらに稿を改めた．

　このようないきさつの他に，研究会活動の一環として全国の大学の文系学部で経営科学に関する科目を教えておられる先生方にアンケート調査をさせて頂いた中でも，同様のテ

キストに関する期待が多数寄せられたことも刺激になった.

また執筆者は大学の教員ばかりのように見えるが,実は大学の教員の経験しかないのはこのうちの2人だけで他の者は企業における実務経験が豊富でORの実際も体験して来ている.それが本書の特色を生み出す基にもなっている.

執筆はされてないが研究会に参加して下さった方々や,日本OR学会の研究発表会での何度かの討論に来て下さった多くの学会員から頂いた貴重なご意見も参考にさせて頂いた.

このようなわけで本書の今回の出版までには,いちいちお名前を挙げられないほどの方々のお世話になった.ここで深くお礼申し上げる.

2000年1月

執筆者一同

本書の執筆者（50音順）

石原辰雄（東海大学情報理工学部）　　大村雄史　　　　　　　（近畿大学経済学部）
垣花京子（筑波学院大学情報コミュニケーション学部）
権藤元　（元近畿大学工学部）　　　　反町洋一　（つくば国際大学産業社会学部）
高井英造（和光大学経済経営学部）　　真鍋龍太郎　　　　　　（文教大学情報学部）
森村英典（元日本女子大学理学部）

参考文献

経営科学，ＯＲ全般の入門書
1．近藤次郎『オペレーションズ・リサーチの手法』　日科技連出版社（1978）
2．森村英典『おはなしＯＲ』　日本規格協会（1983）
3．大前義次『グラフィック意志決定法』　日科技連出版社（1986）
4．刀根　薫『増補　オペレーションズリサーチ読本』　日本評論社（1991）
5．今野　浩『数理決定法入門――キャンパスのＯＲ』　朝倉書店（1992）
6．木下栄蔵『マネージメントサイエンス入門』　近代科学社（1996）
7．宮川公男『ＯＲ入門』　日経文庫135　日本経済新聞社（1996）

やや専門的なＯＲ理論書
1．森雅夫，森戸晋，鈴木久敏，山本芳嗣『オペレーションズ・リサーチⅠ――数理計画モデル』　経営工学ライブラリー3　朝倉書店（1991）
2．森雅夫，宮沢政清，生田誠三，森戸晋，山田善靖『オペレーションズ・リサーチⅡ――意思決定モデル』　経営工学ライブラリー4　朝倉書店（1989）

第4章，第5章，第6章
1．前記『オペレーションズ・リサーチⅠ』
2．今野浩，鈴木久敏編　『整数計画法と組合せ最適化』　日科技連出版社（1993）
3．H.P. ウイリアムス（前田英次郎監訳，小林英三訳）『数理計画モデルの作成法』　産業図書（1995）

第7章
1．川喜田二郎　『続　発想法』（中公新書）　中央公論社（1970）
2．納谷嘉信編　『おはなし新ＱＣ七つ道具』　日本規格協会（1987）
3．水野　滋監修　ＱＣ手法部会編　『管理者スタッフの新ＱＣ七つ道具』日科技連出版社（1979）

意思決定支援のソフトウエア
　　『インスピレーション for windows』（株）スリースカンパニー．
　　『ISOP KJ法』（株）アイテック．

第8章

1. 刀根　薫『AHP入門——ゲーム感覚意思決定法』　日科技連出版社（1986）
2. 刀根　薫，真鍋龍太郎編『AHP事例集』　日科技連出版社（1990）

AHPのソフトウエア：

　『ねまわしくん』Ver.3.0,（株）日本科学技術研修所

　Expert Choice, Ver.9, Expert Choice, Inc., Pittsburgh（日本代理店：ディーエムエス（株））

第9章

1. 千住鎮雄　『やさしい経済性工学のはなし』　日本能率協会（1986）
2. 千住鎮雄，伏見多美雄『設備投資計画法』　日科技連出版社（1993）
3. 千住鎮雄，伏見多美雄，藤田精一，山口俊和『経済性分析』改訂版　（経営工学シリーズ8）日本規格協会（1986）

索　引

あ　行

ＩＲＲ　129
アルバイト要員の配置計画　89
安全在庫　42
安全余裕　42
一対比較　109
一対比較行列　109
オペレーショナル・リサーチ　151
オペレーションズ・リサーチ　151
重み（ウエイト）　107

か　行

回帰式　20
回帰直線　20
回帰分析　20
回収期間　129, 131
階層化意思決定法（ＡＨＰ）　103
階層図　105
階層モデル　104
解答レポート　73
感度分析　148
感度レポート　57, 73
元金均等返済　119
元金均等方式　119
元利均等返済　122
元利均等方式　119
関連図　100
幾何平均　110
期首在庫量　36
期末在庫量　36

局所ウエイト　108
傾向　16, 20
経済的発注量ＥＯＱ　38
ケース・スタディー　153
限界コスト　76
減価償却　125
現在価値　129
項目　3
コード　12
ゴールシーキング　117, 145
固定費　35
コンティンジェンシー・プランニング　154

さ　行

在庫水準　32
在庫変動　33
最小2乗法　18
最適化　118, 149
最適解　53
残差分析　28
残差平方和（残差変動）　18
時系列データ　16
シミュレーション　145
償却率　126
推定値　22
数式モデル　47
スプレッドシート　5
正規分布　40
生産計画　46
制約式　47, 68
制約条件　55

説明変数　20
切片　20
線形計画法　50
線形計画モデル　50-51
潜在価格　57, 77
総合ウエイト　108
ソルバー　47, 53, 62, 71

た　行

ダミー変数　25
陳腐化損失　35
定額法　125
定期異動の問題　80
定期発注方式　39
定率法　126
データの関係　11
データの並べ替え　9
データベース　2
適材配置計画　86

な　行

内部利益率　129
流れ図　47-48

は　行

発注点　43
　——方式　39, 43
表計算ソフト　5
標準正規分布　41
ブレインストーミング　99
変化させるセル　55
変数増加法　29
変動費　35
保管料　35

ま　行

目的式　47, 69
目的セル　55
目的変数　20
モデル　101, 116, 151
問題のモデル化　81

や　行

輸送モデル　70
輸送問題　66
要因関連図　100
予測　15, 24, 32

ら　行

リレーショナルデータベース　11
ワークシート　5

わ　行

割引率　129

●執筆者紹介

石原　辰雄（いしはら・たつお）
産能大学経営情報学部を経て，現在，東海大学情報通信学部経営システム工学科において，数学・OR関係を教えている．関心のある領域は，ORや経営問題に関係するデータ解析など．主な著書：『経営情報学のための線形代数』（共著：共立出版），『確率論』（単著：産能大）

大村　雄史（おおむら・たけし）
長年，総合商社にてOR／MSの視点から経営問題のコンサルティング・問題解決に従事．現在，近畿大学経済学部教授．研究テーマは，事務部門へのOR／MSの考え方の適用，文科系学生に対するOR教育等．大学では経営科学，統計学等の科目を担当．また，情報関連教育のあり方についても考えている．

垣花　京子（かきはな・きょうこ）
津田塾大学，三菱原子力株式会社，筑波大学大学院を経て，筑波学院大学経営情報学部経営情報学科で，プログラミング，アルゴリズム，統計を教えていました．研究テーマは数学教育でのテクノロジーの利用と短大生／文科系学生のための数学の教材開発．2015年3月に筑波学院大学を定年退職．

権藤　元（ごんどう・はじめ）
中国電力で，OR，企画，情報システムの業務経験を経て，近畿大学でORを教え定年退職．また，対話型のORを提唱し，オーアルとく塾を開き，実務への活用を手ほどきしていました．2015年に没．

反町　洋一（そりまち・よういち）
三菱総合研究所を経て，つくば国際大学産業社会学部で，線形計画法，応用統計学などの授業を担当し定年退職．著書に『線形計画法の実際』（産業図書）など．

高井　英造（たかい・えいぞう）
三菱石油数理計画部，エネルギー調査部長等歴任後，静岡大学人文学部教授，和光大学経済経営学部教授，静岡大学工学部大学院客員教授，多摩大学大学院客員教授，文科省科学技術政策研究所動向センター客員研究官などを歴任．サプライ・チェーン・マネジメントやロジスティクスへの応用を中心に，企業の意思決定や計画策定に対する経営科学の適用について研究と指導を続けている．現在，(株)フレームワークス特別技術顧問．日本ロジスティクスシステム協会（JILS）ストラテジックSCMコース・コーディネータ．

真鍋龍太郎（まなべ・りゅうたろう）
慶應義塾大学，名古屋工業大学，神戸商科大学で線形計画法，オペレーションズ・リサーチなど担当．文教大学情報学部ではオペレーションズ・リサーチ，情報システム関連の科目を担当した．

2009年3月に文教大学を定年退職しました．文教大学からは文教大学名誉教授の称号を頂いています．

森村　英典（もりむら・ひでのり）

東京工業大学，筑波大学，日本女子大学で，応用確率論，数理統計学，オペレーションズ・リサーチ，情報理論などの授業を担当し，定年で退職．東京工業大学名誉教授．著書に『おはなしOR』（日本規格協会）など．

編著者

髙井　英造（たかい・えいぞう）　　　（株）フレームワークス特別技術顧問
　　　　　　　　　　　　　　　　　　日本ロジスティクスシステム協会（JILS）ストラテジックＳＣＭコース・
　　　　　　　　　　　　　　　　　　コーディネータ
真鍋龍太郎（まなべ・りゅうたろう）　　文教大学名誉教授

問題解決のためのオペレーションズ・リサーチ入門
Excel の活用と実務的例題

2000年4月15日　第1版第1刷発行
2018年3月30日　第1版第13刷発行

編著者──髙井英造・真鍋龍太郎
発行者──串崎　浩
発行所──株式会社日本評論社
〒170-8474　東京都豊島区南大塚 3-12-4　電話 03-3987-8621（販売），8595（編集）
　　　　　　振替　00100-3-16
印　刷──三美印刷株式会社
製　本──株式会社難波製本
装　幀──林　健造
検印省略 © E. Takai and R. Manabe 2000
Printed in Japan
ISBN 4-535-55191-X

JCOPY 〈(社)出版者著作権管理機構　委託出版物〉

本書の無断複写は著作権法上での例外を除き禁じられています．複写される場合は，そのつど事前に，(社)出版者著作権管理機構（電話 03-3513-6969, FAX 03-3513-6979, e-mail: info@jcopy.or.jp）の許諾を得てください．また，本書を代行業者等の第三者に依頼してスキャニング等の行為によりデジタル化することは，個人の家庭内の利用であっても，一切認められておりません．